JN233740

授業の方法と心理

古藤 泰弘 編著

学文社

まえがき

　教育改革が叫ばれ始めて久しい。個別化・個性化，創造性，ゆとり，自由化など改革のスローガンにすっかり慣れ，繰り返される美辞麗句に新鮮さがなくなってしまった。それどころか逆に，不登校，いじめ，校内暴力，学級崩壊，学力低下等々，切実な現実問題の処理に追われ，「改革」どころではないというのが学校現場の状況である。

　その一方では，IT(情報技術)革命の波が学校にも押し寄せ，インターネットによる参加型学習や遠隔交流学習あるいは仮想授業(バーチャルスクール)など，従来の授業活動の在り方に変革を迫っている。

　こうした内外状況の中で，今，学校の「授業」は揺れ動いている。

　例えば，学級集団による一斉授業(学習)は「悪」という風潮が強い。個別形態の活動は「善」で，集団形態の授業は「悪」とされるのである。個別やグループによる調べ活動中心の授業は「善」だが，教師が学級集団に対して体系的に指導していく授業は「悪」になるのである。さらに加えると，パソコン等を使用した授業は革新的だが，使用しない授業は時代遅れ。このような風評がなんとなく雰囲気的に学校現場を支配している。

　これでよいのだろうか，という疑問の声も当然存在している。

　第1に指摘したい問題点は，これまでの授業方法を否定すれば，教育改革の意図に沿った授業改善が実現するだろうか，という疑義である。

　個を尊重するとか個性化・個別化といったスローガンに振り回され，学習者個人個人の自由活動に委ねる傾向が強く「成り行き」的な授業が多いのである。そういう授業の目標は曖昧で，授業の規律もかなりいい加減である。学級崩壊と無関係だと言い切れるだろうか。

　個人やグループ別活動は善で，集団一斉の学習は悪。調べ学習は善で，系統的学習は悪というように二分法的な捉え方に問題がありそうだ。

　次に問題なのは，「授業づくり」がいい加減で，授業づくりへの情熱が稀薄

になってきたことへの懸念である。

　例えば「生きる力」を育てるには，問題把握，情報の収集，処理，発表（発信）の学習手順を経る必要があると信じて疑わない。いかにも形式的である。しかも教師はいわゆる「支援」に留まり学習者中心の活動に委ねるとなると，教師による目的的な授業計画の必要性をあまり感じなくなる。だが，現実には子どもの理解度は低下しているのである。ここに問題がある。

　さらに指摘したいのは，目新しいメディアの利用が目的化されていることである。

　これまでにも見られた傾向ではあるが，新しいメディア（例えばコンピュータやインターネット）を使用すれば授業が改善できると思い込んでいないか。メディアのために授業があるのではない。メディアは授業の手段である。活用の主体性が問われている。

　本書は，こうした現状の問題意識を踏まえ，授業は基本的には目的的な営為であることを確認し，「授業」の原点に立ちながら，情報化という現代的な視点を配慮し，明日を生きる学習者の「かしこさ」と「感性」を一体的に育成する「授業づくり」の在り方について追究した。それが個性化や創造性につながると考えたからである。そのための具体的な方策を明らかにし，学習者のための授業改善に資するよう努力したつもりである。

　末筆になったが，執筆にご協力いただいた柴田恒郎・仲久徳両先生をはじめ，全国の多くの学校での授業研究への参加や教育機関等からの貴重な実践記録のご提供に対して心から御礼を申しあげたい。謝意を表して巻末に掲載させていただいた。また，学文社の三原多津夫氏には原稿の遅れなど大変なご迷惑をかけたにもかかわらず，迅速に出版いただいたことに感謝申しあげたい。

　本書が日常の授業づくりに際して活用され，学習者のための授業改善に貢献できれば望外の喜びである。

　　2000年4月15日

　　　　　　　　　　　　　　　　　　　　　　　　　　古　藤　泰　弘

目　次

まえがき

序　章 ────────────────────────── 7

　　1．授業が，なぜ，つまらないか　7
　　2．創造のパラダイムづくりへの挑戦　12

第1章　教える心理，学ぶ心理 ─────────────── 17

第1節　授業を学習者からみる …………………………………… 17

　　1．教えることと学ぶこと　17
　　2．好きな先生・嫌いな先生　20
　　3．「教える」ことと主体性を育成すること　23
　　4．サンライズ評価と評定　27

第2節　「わかる・できる」の心理と授業 ……………………… 31

　　1．「わかる」の心理と授業　31
　　2．「できる」の心理と授業　36
　　3．「やる気」の心理と動機づけ　40

第2章　授業の捉え方と基本的技術 ─────────────── 46

第1節　「授業」の意味と捉え方 ………………………………… 46

　　1．学習指導のねらい　46
　　2．授業の捉え方　49
　　3．コミュニケーション過程における授業方策　54
　　4．授業過程の支援モデルと総合的な学習　62

第2節　方略からみた授業様式と個人差の考え方 ……………… 66

　　1．「○○学習」型授業の様式と方略　66
　　2．「学びやすさ」の心理と個人差　70

第 3 章　学力形成と授業づくりの心理 ──────────── 76

　第 1 節　学力の捉え方と授業づくり ················· 76
　　　　1．学力の捉え方　76
　　　　2．学力観からみた授業づくりの変遷　81

　第 2 節　授業づくりの心理と学習指導案 ············· 92
　　　　1．授業の方略と授業づくり　92
　　　　2．学習指導案作成の意義　97

第 4 章　学習指導案作成の方法と手順 ──────────── 106

　第 1 節　単元計画 ································ 106
　　　　1．重要な単元設定の理由（事由）　106
　　　　2．指導目標（単元）の設定と教材構造の検討　109
　　　　3．単元の指導計画と配当時間　112

　第 2 節　本時の目標設定から授業プロセスの設定 ····· 119
　　　　1．主題の設定と指導意図の明白化　119
　　　　2．学習目標（行動目標）の明確化　121
　　　　3．学習目標（目標行動）の分析とメディアの検討　124

　第 3 節　授業プロセスのデザインと書式化 ··········· 130
　　　　1．指導と評価の系列表　130
　　　　2．方法・教材・形態の振り付け　137
　　　　3．「授業展開」の書式化の工夫　140

第 5 章　メディア活用の技術と心理 ──────────── 146

　第 1 節　授業におけるメディアの位置づけと活用 ····· 146
　　　　1．教育とメディア　146
　　　　2．授業におけるメディア活用の技術と心理　149

　第 2 節　コンピュータの利用技術と心理 ············· 163
　　　　1．教育とコンピュータ　163
　　　　2．コンピュータの教育利用の変化　168
　　　　3．コンピュータを利用した学習活動　171

第3節　コンピュータ利用と情報教育 …………………………… 179
　　1．コンピュータ利用と情報活用能力　　179
　　2．学習環境としてのメディア　　183

結　章　授業における"脱線"と"創造"を考える ──────── 188

　索　引　　195

though
序章

1．授業が，なぜ，つまらないか

「授業がつまらない」という[1]。どこがどうつまらないか明確ではないが，授業にあまり「魅力」を感じていないことは確かである。それにはさまざまな原因が考えられる。学校における問題だけではない。家庭環境や地域社会の変化が子どもに及ぼしている影響や，マスコミやコンピュータ化などの情報化が子どもの生活を変えている社会的影響など，多様な要因が複雑に絡み合っている。

そうした背景的要因を認めた上で，ここでは学校の「授業」を中心にいくつかの問題点を取り上げてみたい。

授業にアイディアがない　まず最初に指摘したいのは，アイディアのある授業があまり見られなくなったことである。授業への工夫が足りないのである。

子どもたちは日常生活の中で，実に多種多様な情報に接している。子どもの心を引きつけるにはこれまで以上にアイディアを必要とするが，そういう認識が乏しいためか，「魅力のある授業」が少なくなっている。

「国際数学・理科教育調査」

図表0−1　大人になったら（園児と小学生）

	男子	(%)	女子	(%)
①	野球選手	15.5	食べ物屋	16.4
②	サッカー	8.2	看護婦	8.2
③	学者・博士	6.1	花屋	8.0
④	大工	5.2	保母・幼稚園先生	7.9
⑤	食べ物屋	4.0	歌手・タレント	5.5
	消防士	4.0		

（第一生命保険調査／2000年）

図表0-2　子どもの遊び（深谷昌志）

	かつての遊び	今の遊び
典型的な遊び	かくれんぼ おにごっこ	テレビを見る マンガを読む
場　　　所	戸　　外	家　の　中
人　　　数	数　　人	1　　人
活　動　量	多　　い	少　な　い
態　　　度	積　極　的	受　動　的
要約すると	群　れ　型	孤　立　型

『子どもたちの遊び』ベネッセ教育研究所，1999年，3頁

図表0-3　子どものふだんの生活（小学5・6年生）

1日で	テレビ視聴	勉　強
2時間以上	43.1%	21.1%
2時間くらい	19.4	10.4
1時間半くらい	16.0	12.9
1時間くらい	12.6	21.9
30分くらい	5.5	22.9
ほとんどみない（しない）	3.4	10.8

『子どもたちの遊び』ベネッセ教育研究所，1999年，125頁

（IEA，国際教育到達度評価学会，1999年）によると，日本の中学生の「学力の低下はみられない」が，理科が「嫌い」と答えた生徒は46％（前回より2％増）で，数学は52％（前回より5％増）に上ったと報告されている。教科が「好き」になるような魅力ある授業が少なくなってきた1つの証拠である。

例えば，かつては，導入段階で，子どもが目を見張るような問題提起（VTRやOHP，写真など）や拡散的発問で思考活動を促進したり，実物や模型を持ち込んで動機づけに用いたり，いきなりロールプレイによって興味を喚起させるなど，授業の入り方にもさまざまな工夫がみられた。

　しかし，最近は，まず前時の復習を確認し，続いて「学習課題の把握」と称して本時の課題を提示して予想を立てさせる。その後は，個別かグループによる活動に入っていく，という順序で進行するスタイルの授業が多い。

　もう少し授業風景を紹介すると，前時の復習は期待通りには運ばない。したがって小言になるし，課題の把握は伝達型である。予想を立てさせる際は，せいぜい2～3人に指名して発言させる程度である。毎時間がこの定型的な繰り返しで進められる。いかにも授業の方策（打つ手）にアイディアがない。これで授業に学習者を引きつけ学習に興味を持たせようとは虫の良い話である。

　学習者は，「今日は，何を学ぶのだろう」と期待と不安を持って

授業に臨んでいる。それが学びの心理である。ところが，儀式通りの進行によって期待は失望に，不安はあきらめに転落し，授業への参加意欲は減退する。「つまらない」気分に陥ることになる。

　いかにして，授業への期待感を高め，不安感を興味や意欲に転化し，学習者の知的興奮を誘発するか，そういうアイディアのある方策をどう生み出していくか。その源泉は，平素からの教材に対する関心や洞察力と学習者へのサービス精神にある。この素材はあの教科のあの場面で活用できないか，加工の仕方によっては意外性のある利用ができそうだ，といったセンスと熱情がアイディアを生むのである。そういう学びの心理に立って教材を捉え直してみる必要がある。

　アイディアのある授業にするために，どんな方策が大切かについては，第2章で詳しく検討することにする。

授業づくりの方略の不在　　かつて「廊下カリキュラム」といって，教員室から教室に行く途中の「廊下」で授業づくりを考える。そういう授業づくり軽視の風潮が揶揄されたことがある。

　もっとも，現在も依然として廊下カリキュラムは残っている。とりわけグループ学習や個別学習形態で展開する授業では，事前に綿密な授業づくりを行わないで臨む場合が多い。

　導入段階で，授業のねらいの確認(伝達)を集合学習で済ませると，あとは子どもに主体性を持たせるという趣旨から，グループや個人で自由に調べ活動に入る。そして最後にまとめて発表して終わる，というような順序を辿る。グループか個人による活動を中心に展開するため，授業づくりの必要性をあまり感じないのである。

　問題は，授業方略の不在にある。なぜ，そういう形態の授業活動を組織したか，その方略への認識が乏しいのである。教育的価値の実現を目指した意図的な指導(方向づけ)がほとんど行われないのである。「場当たり的」授業になりがちで，その結果は，子どもたち

は「何を学んだのかよくわからない」とか「学習したことの意味がわからない」あるいは「あまり教えてもらえなかった」という心的状況になり、「授業がつまらなかった」につながるのである。

　国立教育研究所が行った学級崩壊についての全国調査の集計結果の報告（1999年9月）によると、その主原因として挙げられたのは「教師の指導不足」(74%)であるが、次いで多かったのが「授業内容と方法への不満」(65%)である。これは授業づくりの方針（方略）が曖昧で、価値実現の計画性に乏しい「場当たり的」授業が多い証左でもある。

　子どもたちが「学ぶ」ことに価値を感じ、学習することが「楽しい」という快感情を抱くような授業づくりの方略を立てる必要がある。学習者が新しい知識や論理を発見し、価値ある対象に追求心を燃やすようになる、そういう方略を立てて授業設計を行う必要がある。そのためには教師は何をやらなければならないか。

　第3章第2節で授業の方略について検討し、具体的には第4章で工夫した学習指導案づくりを提案する。

メディア利用が目的化している　　「授業がつまらない」の第3番目の問題としてメディアの利用の目的化現象を取り上げたい。

　メディアとりわけコンピュータやインターネットを利活用した授業が多くなってきている。外見上は、学習者がパソコンに向かって主体的に活動しているように見えるが、子どもたちは必ずしも「学習」に満足しているわけではないのである。

　「楽しい」とか「面白い」というのは、パソコンなどを操作する「珍しさ」に対してである。学ぶ対象の「内容」に対してではない。しかも「珍しさ」は当初だけであって、慣れてくると消失する。それとともに調べる中身への関心も低下し「つまらない」につながるのである。

　「インターネットの功罪」をテーマに、米国の先生方による教育

懇談会(1999年12月,ワシントン)が開催された。コロラド州からきた小学校教師は,「本の感想文を宿題に出すと,インターネットで要約を引き出し,そのまま写して提出する子どもが増えた。本をほとんど読まなくなってしまった。」と訴えた。

また「フランスの歴史を課題にすると,多くの生徒がインターネットで取り出した凱旋門やエッフェル塔の写真を貼り付けて旅行案内のようなリポートをまとめてくる。体裁は整っているが,フランスがどんな歴史を持った国かは勉強して来ない。」[2]と,手軽な利用が目的化され,内容の欠落した活動に終わってしまう現状が紹介された。

こうした状況は日本においても決して例外ではない。インターネットを導入した授業でしばしば見受けられる風景である。引き出した資料(情報)はすべてコピーし,内容よりも体裁を考えて選択して切り貼りする。発信・伝達するためである。内容をどう捉え内容的にどう表現するかではなく,メディアを活用することに目的がおかれる。

いかに大量な情報を収集・蓄積して発信しても「知」にはならないのである。調べ活動を一生懸命にやったからといっても,行為の意味と知の価値が感得できなければ,「つまらない」のである。

インターネットへの期待を含め,広くメディア活用の在り方については,第5章で取り上げて検討することにする。

教育方法学の責務　「授業がつまらない」責任の一端は,授業に関する学問研究の在り方にもある。授業研究については,日本教育学会を始め日本教育方法学会,日本教育工学会,日本教材学会など多くの学会で取り上げられている。

例えば,日本教育方法学会編で刊行した最近の著作物のうち,とりわけ「授業」や「教育方法」に結びついた研究書物としては,

『教育課程・方法の改革』(1999),『新しい学校・学級づくりと授

業改革』(1998),『戦後の教育方法を問い直す』(1995),『新しい学力観と教育実践』(1994),『いま,授業成立の原則を問う』(1993),『自己学習能力の育成と授業の創造』(1992),『教育方法を問い直す』(1988)

などが出版され,数多くの論文が掲載されている。

それぞれの論文には優れた研究が多く,授業実践の背景にほしい原理や理論が数多く見られる。これらのすべてが,そのまま学校現場の授業に適用できるとは限らないが,ほとんどが授業実践に反映されないまま「御蔵入り」の状況というのが現実である。

理論と実践は次元が異なるので直接結びつかなくてよいという立場での研究もあろう。だが,研究は実践という厳しい現実と対面しながら修正・評価されて深化していくものであり,それが同時に実践の質を高めていくのである。その交互作用を媒介する理論が欠如している。

現実の学校現場には種々の人的・物的条件が存在していて,計画通りには運ばないが,理論と実践の溝を埋める仕事に着手しなければ,いつまで経っても解決しない。第1章で,教える心理,学ぶ心理を取り上げ,「わかる」や「できる」について考察したり,第2章で授業の捉え方について検討を加えたのは,媒介する理論を模索したいためである。

2. 創造のパラダイムづくりへの挑戦

変化の時代　1995年4月26日,文部大臣(与謝野馨)は第15期中央教育審議会(有馬朗人・会長)に対して「二十一世紀を展望した我が国の教育の在り方について」諮問した。その中で「二十一世紀に向けて,国際化,情報化,科学技術の発展など,我が国の社会は大きく変化しており,このような変化を踏まえた新しい時代の教育のあり方が問われている。」と諮問理由を述べている。

この諮問を出発点として「変化を踏まえた新しい時代の教育」に

ついての審議が開始された。その答申が教育課程審議会に引き継がれて具体化し結実をみたのが「平成10年版学習指導要領」である。つまり，この学習指導要領が果たす最大の役割は「変化の時代」に応え得る学校教育の在り方を示したことにある。その成否はこれからの教育実践の成果が答えを出すことになる。

ところで，何がどう変化しているのか。

中央教育審議会の『第一次答申』(1996年7月19日)は，第1部の中で，子どもの生活の現状や意識の変化を多面的かつ問題提起的に記述し，その背景としての社会的・経済的そして国際的な変化に触れ，「いずれにせよ，変化の激しい，行き先不透明な厳しい時代と考えておかなければならないだろう。」と結んでいる。

答申の性格上，変化の現象的様相を社会・経済・国際にわたって全体的・並列的に網羅した記述になっている。

変化の中核は「情報技術(IT)」ではなかろうか。ITがグローバライゼーション(実態は世界の米国化)を押し進め，ITが市場原理や金融の自由化など産業構造の変革を迫っている。またITは年功序列や終身雇用システムなど「学歴」を軸にメリトクラシー(能力主義)が支えてきたレジュームを崩壊させている。IT革命に注目する必要がある。

そしてITは文化・教育のフィールドにも及び，規制緩和や自由化，自己責任の原理など新しい波が押し寄せている。

図表0-4 利用者5000万人に達するまでの年数

ラジオ	38年間
パソコン	16年間
テレビ	13年間
インターネット	4年間

国際連合『人間開発報告』1999年版

図表0-5 IT革命による変化

キャッチアップ	→	ネットワーク社会
宿り木(依存)	体質	親木(自立)
ローリスク ローリターン	発想	ハイリスク ハイリターン
規制・保護	体制	緩和・自由化
行政・団体	責任	自己責任(個人)
ストック型	文化	フロー型
年功序列型	労働	二極分化型
ゼネラリスト (農耕型)	人材	スペシャリスト (狩猟型)
文化享受能力 (解釈・適用)	能力	文化発信能力 (問題発見・追及)

創造のパラダイムが必要　教育界は「改革」の連続である。すでに臨時教育審議会の設置(1984年9月)のころから，ことある度に「改革」が言い続けられてきた。そのキーワードは，一貫して，「個性化」「個別化」や「ゆとり」あるいは「創造力」「表現力」である。

考えてみると，これらのスローガン的パラダイム（考え方の枠組み）は，旧来の「学歴」を主軸にしたメリトクラシーを教育的側面から崩壊させる役割を果たしてきた。それだけでなく，タテ型社会秩序の崩壊，勤勉さや道徳心など伝統的な価値観の消失という「崩壊のパラダイム」としての効果を発揮した。当然ながら，これまで培われてきた学校文化の崩壊にも大きな役割を果たしてきた。

だが，この「崩壊のパラダイム」はIT革命によって誕生しようとしている新秩序や新価値の構築には役立たない。生み出されようとしている高度情報通信社会では，情報や通信ネットワークがもたらす新しい知識体系や技術体系が重視されることになる。これまで以上に高度な知識や技能の習得が必要とされる。

こうした科学体系を背景に新メリトクラシーが確立され体系的な科学(学問)の習得が重要になってくる。榊原英資氏が言うように「新しい知的体系，学問体系のもとで，激しく勉強をする学生と，激しく働く職業人をつくっていく」必要がある[3]。

こうした新しい事態に学校教育はどう対処していくか。「興味・関心」や「意欲」あるいは「生きる力」のような手続き的レベルのパラダイムでは到底役立たない。「自己解決的能

図表0-6　道徳心——マナーの悪さ「迷惑を感じる」ベスト5

1. 携帯電話	62%
2. 座席の定員	47%
3. 構内の喫煙	46%
4. リュックサック等	39%
5. ヘッドホーンステレオ	29%

(小田急電鉄／1998年5月)

全員が集中して課題を考える
(埼玉県熊谷市立籠原小学校)

力」を裏づける実質的レベルの「創造のパラダイム」を持たなければならない。それが緊急の課題である[4]。

総合的学習が救世主になるか　平成10年版学習指導要領の目玉は「総合的な学習の時間」(以下,「総合的学習」と呼ぶ)である。

　総合的学習は,「教科外」として小学校3年から高等学校まで設置される。年間103時間(週当たり3時間)程度である。

　そのねらいは「生きる力」の育成にあるが,実際には,ある学習課題を児童生徒たちに設定させ,その課題をねばり強く追究し続けて問題を自己解決していく能力の育成にある。

　その際に,体験的な活動とりわけ実体験を通した活動を重視し,情報の収集方法や調べ方,発表の仕方など,学び方や追究心が育成されるように指導・支援をしていくことになる。

　このように,総合的学習は,探究的な体験活動を通じて生活と学習の統合を図り,体験による「方法知」の習得に向けられているところに特色がある[5]。教科学習では十分な期待が望めなかった能力領域への挑戦であると言える。注目したい新しい試みである。

　問題は,総合的学習で習得した体験的な「方法知」を教科学習の中でどう活用できるか,また逆に教科学習で習得した「内容知」を総合的な学習の中でどう「方法知」と融合できるかにある。両者は補充・補完関係にある。救世主になれるかどうかの鍵はここにある。

　その際に検討したいのは,1つには総合的学習は総授業時間数からみて1割程度である。総合的学習1割に対し教科学習9割である。この割合で両者の融合がどの程度図れるかである。

　他の1つは,総合的学習と教科

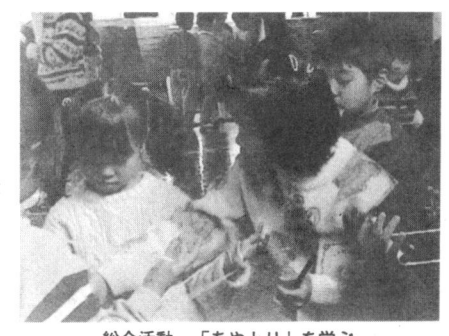

総合活動　「あやとり」を学ぶ
(東京都武蔵村山市立第九小学校)

学習とを並置させた二元論についての検討である。小学校では完全に二元論の立場をとったが，中学校では各教科の選択学習の中で総合的学習を統合して扱う一元論の展開が可能である。どちらが体験的「方法知」と「内容知」の融合がより望めるか実践的に検証してみることが大切である。これも総合的学習が救世主になれるかどうかの実践課題である。

[引用・参考文献]
1）東京都の調査結果（1997年11月）によると，「学校生活で嫌いなこと」（小学校5年生）の質問に対して，「特にない」の回答が半数近くを占めたが，「勉強がつまらないから」と答えた児童が約25％で，「勉強が分からないから」（約15％）を合わせると，約4割の児童が「勉強」を原因に挙げている。
　　また，総務庁の「非行原因に関する総合的研究調査」（1999年4月発表）によると，学校の授業が「つまらない」と答えた割合は，一般の中学生で25％，一般の高校生で約50％に上っている。なお，補導された経験のある少年・少女（報告では非行少年・少女）でみると，5割強が「つまらない」と回答している。
2）日本経済新聞，2000年1月6日，記事「『米の世界知らず』深刻化」（ワシントン支局長・小孫茂）。
3）榊原英資「時代の風」（毎日新聞，1999年12月19日）。
4）古藤泰弘「自己解決能力を育てる授業－新メリトクラシーと二極化する授業形態」（『授業研究21』513号，2000年4月号，明治図書，15頁）。
5）古藤泰弘「新学習指導要領『総合的学習』の課題」（日本経済新聞，1999年6月13日）。

第1章 教える心理，学ぶ心理

第1節 授業を学習者からみる

1．教えることと学ぶこと

「教える」の心理　教師は，いつも，学習者が学習対象に興味をもって取り組んでほしい。主体的な調べ活動や構成活動を展開してほしい。教育内容の理解を深めてほしい。そして学習意欲を高めてほしい。そういう願いや期待をもって授業に臨んでいる。

この教えの心理（教授心理）が，時には指導者としての，時には支援や援助者としての，また時には評価者としての行動となって現れてくる。いずれの行動を採るかは学習場面や学習状況によって異なるが，教師のねらいは活発な学習活動を展開して意図した学習目標へ達成させていくことにある。

だが，学習者の側からすると，教師の教え方や説明が理解できなくて自信を喪失したり，考え方が認められなくて「疎外された」と思ったり，時には教師から無視されたとか軽蔑されたと感じたりすることが少なからず生じるのである。

米国の偉大な哲学者であり教育者であったデューイ（J.Dewey, 1859－1952）は「だれも学んでいないのに教えたというのは，

考えている子どもたち
（埼玉県熊谷市立籠原小学校）

だれも買っていないのに売ったというのと同じことだ。」[1]と言って，「教える」ことと「学ぶ」こととは必ずしも一致しないことがあると指摘した。「教える」行為があれば「学習」していると思い込みがちな教えの心理への警鐘でもある。

「教える」の意味　シェフラー(I.Scheffler)は,「教える」の意味について，2つの捉え方を取り上げて問題提起している[2]。それを教えの心理からみると次のように言い換えることができよう。

　1つは，「教える」の意図的用法(intentional use)で,「教えるとは，学習者を変化させることを意図して学習者に働きかけること」と捉える。他の1つは，成功的用法(success use)で,「教えるとは，学習者に意図的に働きかけて，学習者を変化させること」と捉える。

　意図的用法では，「教える」という行為を学習者に「働きかける」意図的活動と捉え，学習者が実際に「変化した」かどうかは問わない。働きかければ「変化するだろう」という教えの心理（教授心理）である。これに対し成功的用法では，学習者を実際に「変化させる」ことに主眼があり，意図的に働きかけただけでは不十分だという教授心理である。

　教えることを意図的活動と捉えるか，変化させる行動と捉えるか，この2つの教授心理の違いによって，現実の授業活動の様相は大きく変わってくる。

「学び」の心理　授業活動の中で，学習者は新しい知識や考え方を身につけたい，技能や能力を習得したい，課題をもっと追求したい，より深く学びたいと内心では思っている。また，学習活動やその成果に対して教師から認められたい，周囲の関心を引きたいと内心で期待している。こうした知識欲や探求心あるいは承認や自己顕示欲などの「学び」の心理が学習活動の原動力になるのである。

　ところが，授業内容が理解できなかったり，追求活動の機会を得

られなかったり、あるいは教師から認められなかったりすると、授業への参加意欲が減退し学習への意欲を喪失していくことになる。

図表1－1は、大学生に「中学校時代に好きだった教科について」その理由を尋ねたアンケートの集計結果(複数回答)である[3]。「先生が好き」(41.0%)「先生の話が楽しかった」(42.4%)や「分かりやすい授業だった」(35.4%)など、対教師への人間的好感度が「好きな教科」と結びついているという、学びの心理に注目したい。

図表1－1　好きな教科の理由（大学生）

ア	(48.1%)	先生が好きだったので
イ	(42.9)	先生の話が楽しかったので
ウ	(35.2)	分かりやすい授業だったので
エ	(5.7)	教育機器や視聴覚教材などをよく利用したので
オ	(17.1)	発表、実習や調査など生徒の活動が多かったので
カ	(3.8)	グループでの学習が多かったので
キ	(82.9)	もともと、好きな教科だったので
ク	(4.8)	受験に必要な教科だったので
ケ	(7.6)	塾でも勉強していたので
コ	(44.3)	よい成績が取れたので
サ	(7.6)	将来を考えていたので
シ	(11.0)	その他（　　　　　）

（2002年調査）

「学ぶ」の意味

「学ぶ」は「まねる」に始まるといわれる。過去の遺産を継承し次の世代に引き継いでいくためには、まず先人の文化をまね(真似)て吸収し、その中から新しい文化を創造して次代へと発展させていくのである。「学ぶ」はこの全プロセスを通じて展開されるきわめて人間的な営みである。

心理学的には、「人間の行動の変化」（新行動主義 neo-behaviorism）をもって「学習」と捉えたり、「認知構造としてのスキーマの再構成」（認知論 cognitive psychology）で「学習」を説明したり、あるいは「外界との交渉を通じて自ら

調べ学習をしている子どもたち
（東京都豊島区立目白小学校）

の知識を構成していく過程」(構成主義 constructivism)が学習だとするなど,さまざまな立場から主義主張が繰り広げられてきた。最近は文化人類学的な知見を取り入れた「学び」の理論も展開されている[4]。

それぞれの主張や理論は,心理学の研究成果をもとにその時代的背景を担って登場してきた。時には学校現場の授業変革に大きな影響を与えることになった理論や主張もあるが,文部省主導の中央集権的な色彩が濃い制度的制約もあって,全体的に授業を大幅に改造するような影響力は持たなかった。

また,学習の捉え方についての論議が「学ぶ」心理からというよりも,「教える」側の立場をベースにして行われたり,先行する学習理論への挑戦的な否定論を中心に展開してきたこともあって,学校現場とはやや離れたところで論議された。

どんな学習活動であっても,学習者が学習成果を記憶し理解して知識化することは基本的に必要だし,ものの考え方や見方の習得,あるいは興味・関心など情意の形成は,いずれの学習理論に依拠しようとも大切なことである。実践的な授業レベルでの要請に十分に応え得る「学び」の理論構築が求められているのである。

図表1-2 好きな先生・嫌いな先生

好きな先生

[昭和8年頃](小学生,高等科生)
① 親切で優しい
② 話が面白い
③ にこにこしている

嫌いな先生

[昭和8年頃](小学生,高等科生)
① すぐに怒る
② すぐに蹴る
③ えこひいきする

雑誌『帝国教育』昭和9年1月号

好きな先生

[平成10年] (小学生)
① 励ましてくれる
② 悩みの相談
③ 優しい

嫌いな先生

[平成10年] (小学生)
① 威張る
② 嫌なことをいう
③ えこひいきする

2.好きな先生・嫌いな先生

好きな先生 学ぶ心理からみて,子どもはどのような教師に対して好感を抱いているだ

ろうか。

　図表1-2は，「好きな先生・嫌いな先生」（小学校）について尋ねたアンケートの集計結果である。1933（昭和8）年と1998（平成10）年について，それぞれベスト3を取り上げて対比してみると，時代背景は大きく異なっても，いくつかの共通点がみられる。

　時代を超えて，子どもの好きな先生は「優しい」である。「優しい」というのは，子どもの意見を謙虚にかつ共感的に傾聴し，包容力があって心の安らぎが得られる，そういう期待を表す言葉である。

　子どもからみて全体的に雰囲気が明るく快いイメージが持てる。そういう明朗快活さを教師に期待していることがわかる。

　最近の特徴としては，「勇気づけてくれる」や「気軽に相談でき，頼りがいがある」などが「好きな先生」の主な要素になっている。

嫌いな先生　　逆に嫌いな先生のタイプは「威張ったり，怒ったり」で，抑圧感や威圧感など暗い雰囲気に対して否定的イメージを持っている。だれも叱られたり，嫌な言動を浴びせられることを好む者はいないが，教師の無神経な言動に落とし穴があるようだ。

　教師の「教え」の心理からすると，指導に情熱が高じてくると「こんなことが，なぜ，わからないのか」といった表情や言葉が出てしまうことがある。学ぶ心理からすると，それは熱情ではなくて威圧や叱責として受け取られるのである。学びの心理を十分に配慮し指導の言葉を選んで使用することが大切である。

　フランスの諺に「ことばが負わせた傷は，刀が負わせた傷より重い」という名句がある。学習指導の際に用いる言葉の「重み」を認識するとともに細心の注意を払う必要がある。

　言葉だけでなく態度も注意する必要がある。「えこひいきする」は時代を超えて嫌な先生の共通項目になっているが，これはまさに教授心理と学習心理の隔たりの大きさを表している好例である。

　学ぶ心理からすると，自分の存在を認めてもらいたいという，承

認や自尊の心理が強く働くため，教師の関心を自分に向けさせようとする。

ところが，教えの心理は特定の子どもを特別に意識するのではなく，全体的に対応しようとする行動をとる。とはいえ，特定の個人に注目して行動しなければならない場合もある。そうした言動が子どもにとって「えこひいき」に受け取られることになる。

教えの心理で大切なのは，子どもが承認や自尊の心を持って教師の言動を見つめているということを意識して個に対応することである。

図表1-3　学校生活で嫌いなこと（小学校5年生）

① 特にない　　　　　　　　　（50％弱）
② 勉強がつまらない　　　　　（約25％）
③ 勉強がわからない　　　　　（約15％）
④ 先生が気持ちをわかってくれない（約10％）
⑤ 先生が厳し過ぎる　　　　　（約9％）

東京都調査（1997年11月）

カウンセリング・マインド

どのようにして教えの心理を学びの心理に近づけるか。そのポイントは教師自身が「カウンセリング・マインド」を持って，学習者の行動に対処していくことにある。

カウンセリング（counseling）とは，「専門家が相談者（クライエント）の社会・職場・学校・家庭などにおける生活不適応問題について，一対一による面接や対話による心理療法」を言うが，その際に専門家（カウンセラー）が行う援助・支援・奉仕のマインドをカウンセリング・マインドと言っている。その条件として3つ挙げておきたい[5]。

第1の条件は「傾聴的な姿勢」である。

学習者たちの発言や行動に対して「待ち」と「忍」の心構えで対応することである。「聞く」というより「聴く」姿勢が大切で，例えば，子どもの発言を中途で遮ったり，「ぐずぐずしないで早く言い（やり）なさい」のような強圧的な言辞を避けることである。

第2は「受容的な態度」である。

「聴く」際には肯定的にうなずきながら包容力のある許容態度で対応することである。たとえ的外れであったり，不真面目な内容であっても真剣に聴いてやる。学習者が問題に直面し，明瞭にし，解決できるよう支援してやることである。それが学習者に，自分を認めてくれた自尊の心を充足させ，だから真剣に考えなければならないという心情になり，自己実現へのエネルギー源になっていくのである。

子どもの発言に耳を傾ける教師
（神奈川県相模原市立淵野辺小学校）

第3の条件は「共感的理解」である。

学習者の発言や行動の良否について，教師の立場や教えの心理で即断するのではなく，「もし，自分がその行為者（学習者）の立場だったら，どう考えて発言し行動するだろうか」と，学習者の内的世界を想像してみる。その上で，発言内容や行動の意味を吟味し対処していくようにする。こうした一連のプロセスが共感的理解である。学ぶ心理に立った配慮だといってもよかろう。

3．「教える」ことと主体性を育成すること

教える技術の法則性　コメニュウス（J.A.Comenius, 1592-1670）は「あらゆる人にあらゆる事柄を教授する普遍的な技法」[6]を教授学の課題とし，著書『大教授学』で，いつでも，誰でも，どこでも成果の上がる教授の「普遍性」を求めようとした。教える技術の法則の必要性を唱えたのである。

教える技術に法則性があるのだろうか。教師の個人的な勘やコツによって積み上げられた「わざ」が，個人的で主観的な行為の域にとどまっている限り「技術」

コメニュウス

とはいえない。技術と呼ぶためには，誰にも客観的に理解される「法則」があって，その内容が伝承可能な手段体系を持っていなければならないからである。

　教える「わざ」は基本的には属人的ではあるが，その方策には多くの共通点がみられ，類似条件の中で酷似した活動が多々みられるだけでなく，同一の方策が同様もしくは類似の効果をもたらしている事例が数多く認められている。単なる個人的な「わざ」でないことは事実であり，他人に伝承できる法則性を持った技術だといってよい。

図表1-4　技術とわざの比較

技　術	わ　ざ
一般的	職人的
普遍的（客観的）	属人的（主観的）
伝承可能	一過性
体系化（法則性）	非体系（任意性）

教える技術の特質　問題は「技術」の法則性についての捉え方である。どんな特質を持った技術として捉えるかである。例えば，コメニュウスが言うように「教授内容と教授方法とが，いわば楽譜のようにしてあれば，どんなことでも教えられる」（『大教授学』第32章）ような普遍的な技術といえるかどうかである。

　いつ，どこで，誰が行っても同じような効果があがる法則を明らかにし，そのような手段の法則をつくり上げるのが「技術」だとする考え方がある。この立場を「労働手段体系説」と呼んでいるが，教える技術をこのような技術観で捉えてよいかどうかである。教育では，同じような教え方でも，教師（人）により，また場所（空間）や実施時（時間）により効果の表れ方は違ってくることを経験している。

　同じような教え方でも，方策レベルでみると教師により具体的な対処の仕方（適用）が同一だとは限らない。ウシンスキー（K.D. Ushinskij, 1824-1871）が言うように「教授学は，大変重要な規則，もっとも優れた方法を指示する」もので，「それらの実際上の適用は無限であって，教師自身に依存している」[7]という技術観で捉え

た方が実態に適合している。このような立場を「実践的適用説」と呼んでいる。

　実際上の適用が無限であるかどうかに疑義はあるが，教える技術は，法則的な規則を根幹に持ちながらも，それぞれ教師自身が「学ぶ心理」を配慮するなど主観的な個人要因を伴って意識的な技術適用を図っているのである。そういう技術観で捉えていくのが妥当だと考える。

　なお，ドナルド・ショーン(Donald Schön)が提唱する「反省的実践家(The Reflective Practitioner)」の考え方から「反省的授業(reflective teaching)」論を展開し，これまでの「技術的実践」に代わって「反省的実践(reflective practice)」だとする立場がある[8]。

主体性を育てる　　教える技術の中でもっとも重視されているのが主体性を育てる方策である。心理学では，主体性とは「ある活動や思考などに際して，その主体となって働きかけるさま」とか，「他人によって導かれるのではなく，自己の純粋な立場において行う態度または性格」だと捉えている。

　平成10年版中学校学習指導要領の「総則」をみると「主体性のある日本人を育成」，「主体的に判断し」，「主体的，創造的に取り組む態度を育て」や「主体的，意欲的な学習活動を充実する」など，「主体性(的)」は「育成・育てる」や「充実する」などの動詞を伴って多用されている。

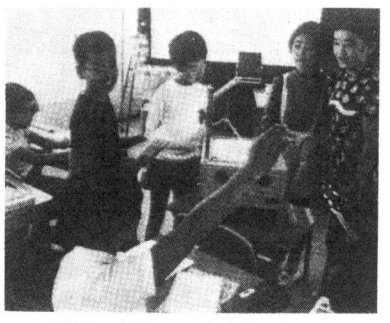

主体的に授業に取り組む子どもたち

　学習者の主体性を「育てる」というのは，心理学を背景に捉え直してみると，「他人から指示されるのではなく，自己の純粋な立場で考え，判断し，行動する意志と能力をもった人間」を育成してい

くことだ,ということになる。

これを学習者の心理的側面からみると,①自我の存在の意識化,②自己対処(思考の面白さの感得),③比較検討(思考の多面化),④所産の評価(成就感による自信),⑤次なる挑戦(探求する意志と行動)などの内面変化を経て「育って」いくものと考えられる。

この内面変化の段階に応じて,教師は一定の手順や方法つまり法則に基づいて働きかけ,効果的と思われる具体的な方策を採ることになる。

だが,法則に従って意識的に方策を打ったとしても,すべて同一の効果が表れるとは限らない。それにもかかわらずその法則を意識して適用し働きかけないではいられないのである。それが教えの心理である。

教育におけるパラドックス　「もともと,教育というものは,人間にとってそれ自体解決の困難なパラドックスの一つである」[9]と村井実氏は言う。「パラドックスというものは,ある意見——あるいは命題——が常識上のものに対していかにも矛盾するように見えながら,実は十分に正しい場合を言う」わけで,「こうした二つの意見——あるいは命題——が同時に承認されなければならない状況が,パラドックス的な状況ということ」[10]である。

主体性を育てるという教育行為は,村井実氏の説を借用すると[11],もともと子どもを「善く」する働きである。だが,「善くする」とはどういうことかと自らに問うてみると,私たちは,だれも,絶対的な確信をもってそれに答えることはできない。それにもかかわらず,私たちは,子どもたちを「善くする」意図をもって,不断に子どもたちに働きかけないではいられないのである。こういうパラドックスを十分に自覚して「教え」ていくと,学びの心理に近づいた「働きかけ」になるのである。

主体性だけでなく,自発性を育てるや自己学習力を育てる,ある

いは「生きる力」を育てるなど，さまざまなレベルの教える行為をめぐって，それぞれパラドックス的な状況がみられるのである。

例えば，子どもに「生きる力」を育てるためには，十分に手をかけて教えていかなければならない。しかし，いつまでも手をかけて教えていたのでは子どもに「生きる力」は身につかない。

教師は，「教え」がいらなくなるようにするために「教え」なければならないのである。まさにパラドックスである。

教育という行為は，本来的にパラドックス状況を宿命的に背負っているのである。そういう自覚をもつことが肝要で，そういう自覚がよりよい授業方策への追求心を掻き立てたり，学ぶ心理に立った方策を生み出したり，カウンセリング・マインドの源泉になったりするのである。

4．サンライズ評価と評定

評価と評定　学びの心理からすると，「評価」という言葉は「通知表」や「テスト」あるいは「試験（考査）」と結びついており，あまり歓迎されない対象物である。テストや試験（考査）の結果は教育評価としても利用されることが多いので，評価や評定と無関係ではないが，それ自体は手段（用具）であって「評価」でも「評定」でもない。

テストや試験の結果を「通知表」（特に学業などの成績を相対的に記載したもの）の形でまとめられると，全体の中での位置づけを5段階や3段階に分けて示すので「評定」になる。入学試験や選抜考査の結果を数理的処理をして全体の中で個人が相対的にどこに位置づくかを明らかにする場合も「評定」である。

これに対して「評価(evaluation)」というのは，その原語が示すように「値ぶみ」である。学習者が，教育目標にどの程度迫っているか，その状況を目標に照らして「値ぶみ」し，学習者が自己の学習行動を調整・改善していく。その過程やその手続きが「評価」で

ある。狭義には学習者への「フィードバック情報」と言ってもよい。
　したがって，評価のポイントは，教えの心理からすると，学習者に対して価値のある「値ぶみ」情報をいかに有効に返してやるかであり，学びの心理からすると，その情報を目標追求の学習活動の調整や改善・修正に役立つ情報(フィードバック情報)としていかに活用できるかである。

評価と評定の意義　　評価の最大の意義は，学習者が学習目標を規準(criterion-referenced)にして自らの学習行動を「値ぶみ」し，自己の成長に役立てることにある。と同時に，教師にとっても自分の指導の良否・巧拙を確認して指導法の改善やカリキュラムの修正に役立てることができることにある。このように評価は教育（授業）活動と一体になって授業過程に統合されているのである。
　これに対して評定はどんな意味を持つか。学力標準検査や知能検査の結果を処理して表示した「数値」で考えてみよう。この数値は全体の中での位置づけを表したもので，ある個人がどんな位置にあるか相対的地位を客観的に把握するのに有効である。
　また，試験結果を処理した数値を利用すると選抜や選定を公平に

図表1-5　教育評定と教育評価との比較

	教 育 評 定	教 育 評 価
ねらい	公平な評点で，選抜・順位・配置等を決める	・学習者の自己成長に役立てる ・指導法やカリキュラムなどの改善，あるいは学習者の自己評価に役立てる
基　準	集団の平均点を客観化して norm-referenced	教育目標を規準にして criterion-referenced
時　期	教育（授業）の終了時以降	教育（授業）の過程かその終了時
対　象	学習の終局で生産された成果について	目標を実現する学習内容や活動について
位置づけ	指導過程とは独立（一次的・横断的）	教育（授業）過程に統合（継続的・連続的）
測定者	教師のほか第三者（外部の人）	目標追求の当事者（教師・学習者）

行うことができる利点がある。それは試験の結果を量として測定し，集団の平均値などの客観的な基準(norm-referenced)を明らかにし，人による解釈の差異が生じないように統計的処理を行うからである。「評定」は選抜，順位，配置などについて客観的に決定する際にはきわめて公平な手続きである。

このように，評価と評定はそれぞれ重要な働きを持っているわけで，両者を混同しないで目的によって使い分けることが肝要である。

サンライズ評価　　教育用語として「サンライズ評価」という言葉があるわけではない。学習者の心が明るくなり，「よし，これならもっとやってみよう」と上向きの意欲が湧いてくるような評価に対して比喩的に用いた言葉である[12]。

学習者は誰でも，内心ではより良くなりたい，他人から認めてもらいたいと思っている。そうした学びの心理を踏まえて行う評価，つまりサンライズ評価にしていくための方策と留意事項を挙げておこう[13]。

1）未来指向に立つこと

なぜ頑張らないのかとか，どうしてテストの点が悪いのかといった，減点的で過去指向的な追求を避けることである。

「ここを工夫するともっと素晴らしくなるよ」とか，「落ち着いてやると高い点が取れるよ」というように，良くなるための未来指向に立った加点的な情報にして与えてやることである。

2）非難・批判でなく激励を与えること

たとえ失敗しても非難や叱責するのではなく，「もう一度やってみよう。きっと旨くいくよ」と希望が持てるよう激励してやることである。

旨くできなかったことは本人がよくわかっているわけで，それに追い打ちを掛ける「サンセット評価」は意欲を低下させるだけである。もっとも，激励した後で「ここを改善しよう」と反省できる情

報を与えることも大切で，この順序を間違えないことが肝要である。

3）他人と比較するのではなく，個人内比較をさせること

誰それは何点なのに君は何点しか取れていないとか，誰々はできたのに君はできなかったではないかというように，他人と比較するのは禁物である。自己嫌悪や自信喪失につながるだけでなく，他人を陥れるための競争心を煽ることになる。

「以前はこれができたのだから，少し頑張ればきっとこれもできるよ」とか「国語でこんな問題がわかったのだから，社会の問題もやればできるよ」というように，個人内の過去の自分や他の優れた領域と比較できるような情報を与えてやることである。こうした評価情報は，自分がかけがえのない存在であるという自尊感情を育てることにもなる。

「サンライズ評価」で表情がゆるむ
（埼玉県熊谷市立籠原小学校）

4）まわりくどい説教は禁物で，短く簡潔な情報にすること

怠けたことや失敗したことに対して何回も責め立てたり，長時間にわたって説教することは学習者の意気を消沈させるだけでなく，時としては反抗心を生起させることになる。学習者にとって「耳に痛い情報」はできるだけ短く，簡潔で，クールなほど効果的である。

評価は出発点　評価は学習結果を集計し学習者のランクづけをするのが目的ではない。評価を契機に学習者は自分の学習行動の良否や適否を確認し，修正や補正を施しながら自己成長を遂げていくのである。学習の終着駅ではなく次に飛躍するための始発駅である。そういう学びの心理が働くような環境づくりが教師の仕事である。

また，収集し分析した評価情報は教師にとっても貴重である。自己の指導法（教えの行動）が適切であったかどうかを判断し，修正・改善していく際の規準になるだけでなく，明日からの授業計画を立

案していく貴重なデータになる。データから得た評価情報をバネにしてより最適な授業を構築していくことが可能になるわけで，教師にとってもより工夫した授業づくりの始発駅になるのである。

このように，評価情報は一方では学習活動にエネルギーを供給する「学びの源泉」として，他方では教師がより最適な授業を創造していく「教えのバネ」になるよう，いずれも出発点だと意識して活用することが肝要である。

第2節 「わかる・できる」の心理と授業

1.「わかる」の心理と授業

授業で「わかる」の意味　授業では，教師も子どもも「わかった」とか「わかっていない」という言葉をしばしば用いる。教師は「わかる」授業を志向し，子どもは「わかりたい」と願っているからである。だが，「わかる」とは何かと問われてみると，簡単には答えられない。

「わかる」は，学習者の頭脳の内部の働きに何らかの変化が生じる現象であることは確かである。その変化を学習者が自ら走査して

図表1-6　授業をどの程度理解しているか ── 2つの調査

「先生の授業をどのくらいの子どもが理解していると思いますか。」

	小学校	中学校
4分の3の子ども	28.9%	16.7%
2分の1の子ども	49.2	50.2
3分の1の子ども	14.0	26.1
4分の1以下の子ども	2.2	4.0
わからない	4.5	1.8
その他	1.2	1.2

（全国教育研究所連盟調査／1971年）

授業がわかる？

	わかる	半分	わからない
小学校3年生	70.4%	25.9%	3.7%
小学校5年生	65.8	29.5	4.8
中学生	44.2	35.4	20.3
高校生	37.4	39.9	22.8

「学校教育に関する意識調査」（1998年2月　実施・文部省）

「内部での変化」を自覚し、「わかった」か「わからない」かを弁別する。それを言葉や表情・態度で表明しているのである。

ところが、他者には学習者の内部でどんな変化が生じているか直接見るわけにはいかない。「わかった」とか「わからない」という言葉を聞き、表情・態度を観察して間接的に判断するしかない。

そこで、多くの場合、教師は子どもたちに挙手を求めたり、表情や態度などの外観や、筆記・筆答などの記述内容から判断して「わかった」かどうかの判定を下している。確かに、問題が解ければ「わかった」と推定してよかろう。「挙手」すれば「わかった」とみなしてよいだろう。だが厳密には、問題が解けたとしても本当にその解き方が「わかっている」という保証はないし、「挙手」や表情・態度から「わかった」と判定してもその確証はないのである。

「挙手」で意思表示をする子どもたち

「わかる」の心理状況　　認知心理学では、「わかる」という心理作用を次のように説明する。

学習者が獲得しようとしている外部の情報(例えば教材の表象)と、その人がすでに内蔵している既有知識の枠組み(これをスキーマと呼ぶ)とが照合し合い、相互の交渉を行って、取り込んだ情報を、その人の新しい知識の枠組みの中に、安定的な状態に収めていくことである、と。

授業で「わかる」というのは、子どもたちが環境(教師や教材など)との交渉を通じて、それぞれが既存のスキーマ(schema)との同化(assimilation)や調節(accommodation)を行い[4]、その子どもなりに新しい解釈や筋書きなどを作っていくこと、つまり新しいスキーマ体系を形成していくことである。こうして、新しく取り入れた情

報がその子どものスキーマ体系に安定的に収まった時に「わかった」（理解した）ということになる。

　もっとも，絶えず新しい事態に遭遇するわけで，その度にスキーマ体系は絶えず改変され成長を続けていくことになる。したがって，新しい事態に対して既存のスキーマのうちどれが適切か，またそれをどのようにして検索するか，そしてどのように収納しておくと容易に取り出し得るか，スキーマ体系の整理の仕方が大切になる。

　理解や思考などの学習活動に際して適切なスキーマを検索して抽出し，新しい事態と効果的な交渉ができるようスキーマ相互間に意味のある関係づけをしておかなければならない。スキーマの階層構造を体系的に組織化しておく必要がある。そこに「わかる」授業づくりの問題がある。

　東洋氏は，スキーマの形成について，ブルーナー（J.S.Bruner）の表象論を用いて，行為的スキーマ（からだで覚えているスキーマ），映像的スキーマ（目に浮かぶ・耳に聞こえるスキーマ），言語的スキーマ（言葉や記号の形で蓄えられているスキーマ）を挙げ，それぞれの領域のさまざまな水準のスキーマの協応によって，より適切な相互作用ができるようなスキーマの体系を育てていくことが大切だと述べている[15]。

「わかる」授業と指導目標　　「わかる」授業づくりの基本は，どのようなスキーマの形成を目指すのか，その指導目標の設定の仕方にかかってくる。1つの例で検討してみよう。

　「秀吉は検地・刀狩によって，封建社会の基礎を固めたことを理解させる。」（社会科）

　この目標では，教材として検地と刀狩を取り上げ，それを封建社会の基礎固めへの理解に結びつけようと意図している。しかし，検地・刀狩を封建社会とどう結びつけようとしているのか。子どもにとって検地・刀狩と封建社会との間には「死の飛躍」があるわけで，

どのようなスキーマの形成をねらっているのか明らかでない。

まず検討しなければならないのは，子どもに形成してほしい枠組み(つまり理解の内容)は何なのかである。具体的には検地や刀狩から形成してほしい知的枠組みを明らかにすることである。例えば農民一揆の防止や士農の分離との関連が考えられる。かりに「一揆の防止と士農の分離」だとすれば，そういう構造での知的（言語的）スキーマの形成を明確にしておく必要がある。

次にその際に，他の領域のスキーマとの協応を考えてみる。少なくとも，「刀狩令」の内容や検地帳（あるいは検地の方法）などの資料の読み取りが必要で，そうした技能的スキーマないしは映像的スキーマの形成とどう関連づけるか検討してみなければならない。

さらには，歴史事象に関心を持ったり興味を抱いたりすることもきわめて重要な要素である。そこで，からだで感じる行為的スキーマとの協応も配慮する必要がある。どんな行為的スキーマの形成を図るのか検討してみなければならない。

このようなさまざまな領域のスキーマが相互に干渉し協応し合って新しいスキーマ体系が組織的に形成されるのである。こうした一連の過程が「わかる」であり，その形成を意図して指導目標を設定することが肝要である。

指導目標の3領域　　「わかる」授業論からすると，指導目標は，学習者に，どのような教材によってどんな学習経験をさせ，教育的価値のあるスキーマ体系の組織化をどう図っていくか，教師の側からみた授業のねらい，つまり指導意図を明白にしたものである。

これは「教え」の心理からみた目標ではあるが，学習者がどのようなスキーマ体系の形成を図っていくかを，さまざまな領域のスキーマの協応という視点から明らかにしようとするものである。先ほどの社会科の目標を整理し直してみると，次のような指導目標になろう。

「『刀狩令』の読み取り（一揆防止）を通じて，この政策と『検地』がもたらした影響を，農民と武士の役割変化（身分の分離）に着目して考えさせ，史料（指令文書）の読み取り方の大切さに関心をもたせる。」

このように記述すると，上述の3つの領域のスキーマの協応関係が明確になり，どのようなスキーマ体系の組織化を図ろうとしているかも明白になる。ブルーム（B.S.Bloom）らが「目標分類学」で提唱した3つの目標領域とも照合するのである。

このように「わかる」授業の指導目標の設定にあたっては，次のような3つの目標領域を包含させておく必要がある[16]。

1つは，認知的領域である。

事実や事象あるいは原則・法則などを習得して自分の記憶として留めていく精神作用の領域で，知識や理解，思考や洞察，着目・着想などである。（上記の事例では，「～影響を，～に着目して考えさせる」）

2つには，技能・能力的領域である。

操作や実習・実験，計算能力などの技能から，資料等の見方・考え方，捉え方やまとめ方のような思考操作，あるいは発表のしかたや表現方法など行動を伴った技能的能力を包含する領域である。（事例では，「～の読み取りを通じて」）

3つ目は，情意的領域である。

事象や事実への注目や関心，興味などをいい，さらに進んでそれらの価値を内面化していく追究心や，意欲などの精神作用を含む領域である。（事例では，「～の大切さに関心をもたせる」）

なお，指導目標の記述の文体について，文末は「～させる」（使役動詞）ではなくて，「～する」と表記すべきだとする意見がある。これは「目標」と「活動」とを混同した「言い掛かり」に過ぎない。授業活動の主体が児童・生徒であることは当然であるが，授業は意図的な営みであり，学習者にどのようなスキーマの形成を図るか，その責任を負うのは教師の側にあることを忘れてはならない。

2．「できる」の心理と授業

授業で「できる」の意味　授業で「できる」というのは，子どもが実際に問題が「解ける」とか，漢字が「読める」や「書ける」，あるいは事象などの特色が「説明できる」や理由が「言える」などの行為状況を指している。

授業でよく見受ける情景に，教師が「わかった人」との呼びかけに「挙手」で答えさせる活動がある。「挙手」をした子どもに教師は指名する。「挙手」をしたが答えられない場合がしばしばある。その子どもは「わかった」つもりだが，答えることが「できない」のである。

ある小学校4年生の授業で，「わかりましたか」と尋ねたら80％近くの児童が挙手をしたが，続けて「説明できる人」と問い直したら40％弱に減少した。「わかる」の場合は，自問自答の内容が漠然としているが，「できる」の場合にはかなり厳格に「自分」に問い質した上で返事をするためだと思われる。

指名する教師

「できる」の心理的意味　「できる」というのは，学習者の内部過程で情報の処理が行われた結果に対する確認だと思われるが，学習者が外部から取り入れた情報を頭脳の中でどのように処理したか内部過程を教師は直接観るわけにいかない。

そこで，内部過程についての詮索は止めて，要は，実際に「解ける」「読める」「書ける」「説明できる」といった外部に表れた状態（行動 behavior）でもって判断しよう。そうすれば，教師も直接的に観察できるし，客観的に判断できる。そういう立場で「学習」を捉える心理学を行動主義と呼んでいる。

行動主義心理学はワトソン(J.B.Watson, 1878-1958)らの意識心理学批判に始まる。心理学は主観的な内観的方法でなく客観的で観察可能な行動を対象にすべきだとし、条件反射の法則を取り入れて、刺激－反応（S-R）理論を提唱した。後にスキナー(B.F.Skinner, 1904-1990)は動物実験を繰り返して、オペラント行動の成立過程を研究し、新行動主義(neo-behaviorism, S-O-R理論)を提唱した。そのオペラント条件付け理論に基づくプログラム学習(programmed learning)[17]は1960年代に全世界に広まったほどで、現在でもその考え方は授業論の中で継承されてきている。

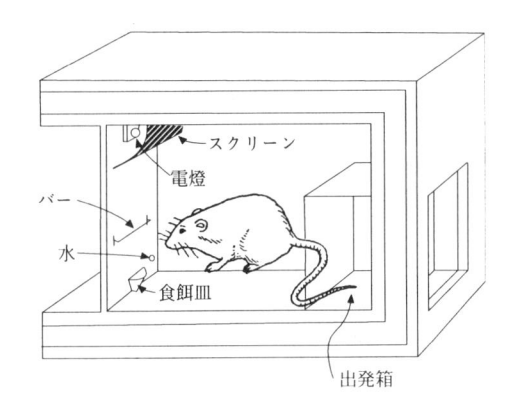

図表1-7　スキナーボックス

新行動主義心理学に基礎をおく授業では、「学習した」かどうかは子どもが「できる」ようになったかどうか、観察可能な行動レベルで判断することになる。意図する「行動がとれる」ようになれば学習が成立したとするわけである。この場合の「行動 behaivor」には、「読める」「書ける」「説明できる」のほかに「解ける」「指摘できる」や「操作できる」「つく（れ）る」などさまざまな水準の学習行動がある。

「できる」授業と目標行動　「できる」授業づくりでは学習者の学習行動の形成を重視することになるが、授業で最終的にどのような「行動」がとれるようになるとよいか、それを学習者の目標として明確にしておく必要がある。

学習者にとって「最終の行動(terminal behavior)」であるところから、目標となる行動つまり「目標行動」と呼んでいる。授業目

標への到達(mastery)状態や達成状況(attainment state)を学習者の行動レベルで表したものといってもよい。

　ここでは学習者の内部過程でどんな新しいスキーマ体系が出来上がったかは問わない。指導目標に掲げる内容を子どもが習得した（つまり到達した）とすると，その子どもはどんな学習行動がとれるか想像してみる。先ほどの社会科の事例では，次のように最終の行動（目標行動）の形成を期待している。

　「『刀狩』や『検地』が，武士支配を強化していくことになったと，農民一揆の防止と年貢の確保を取り上げ，この政策がもたらした士農の分離や役割の変化と結びつけて説明できる。」

　このように「行動レベル」で目標を明記すると，到達状況が外部から観察でき，人によって違った解釈が生じなくなってくる利点がある。さらに重要なのは学習の成立についての評価規準(criterion)が明確になることである。この事例の場合には，次のような規準で達成状況を確認することになる。

　① 刀狩や検地が武士支配を強めることになったといえるか。
　② その裏づけとして，農民一揆の防止と年貢の確保があげられるか。
　③ その影響として，士農の分離と役割の変化が説明できるか。

目標行動の設定条件　　学習の成果として，授業の目標に到達したと学習者が確認できると成功感や成就感を持つことができる。これは「できる」授業の特質である。

　そのためには，どんな状態や状況をもって「到達（達成）した」とするか，またその裏づけとなる評価規準は明確になっているかなど，目標行動の設定に際しては，いくつかの条件を具備していなければならない。

　目標行動は学習者の目標だから，当然，文体の主体は学習者である。また他者が観察可能な「行動のことば」[18]で記述し，第三者の

図表1-8　「行動のことば」の例

「行動」として適切でないことば	適切な「行動のことば」
知　　る　　理解する わ か る　　鑑賞する 養　　う　　把握する 楽 し む　　習得する 信 ず る　　育 て る 心がける　　感動する 検討する　　吟味する 慣 れ る　　総合してみる 大切にする	書　　く　　述べる　　指摘する 説明する　　区別する　　解　　く 構成する　　分類する　　排列する 比較する　　同定する　　つ く る 結論する　　要素をあげる　図示する 回答する　　公式化する　予測する 操作する　　概算する　　完成する 測定する　　推論する

間で異なった解釈が生じないように工夫する必要がある。

そこで目標行動が具備しなければならない条件を挙げてみると，次のような4つになる。

① 「何を」……授業で，学習者に到達させたいと意図している対象や内容を具体的に明示すること。（事例では，「検地や刀狩が，武士支配を強化していくことになったこと」）

② 「何で（または「どのように」）」……到達させるための方法や手段をあげること。（「農民一揆の防止と年貢の確保を取り上げ」）

③ 「どの程度」……到達したときの水準をはっきりしておくこと。（「この政策がもたらした影響として，士農の分離と役割の変化」）

④ 「何ができる」……どうすることが必要か，外面に表れる「行動のことば」で表現すること。（「～結びつけて説明できる」）

指導目標と目標行動　指導目標は，「わかる」を基本に子どもたちに内部過程で形成してほしい教育的価値（「知性」と「感性」の統合）を教師の立場から明白にしたものである。その指導意図に沿って教材・教具や教育機器を選択・活用したり，学習活動の形態を組織化していくことになる。

一方，目標行動は，「できる」を基本に子どもたちの側に立って，

第2節　「わかる・できる」の心理と授業　39

その最終目標(到達目標)を行動のことば(行為動詞)を用いて明確にしたものである。目標行動に子どもたちが到達可能なように展開順序を工夫したり,主体的学習活動の活性化にメディア活用を積極的に取り入れたりすることになる。また学習者が目標に到達(達成)したかどうかの評価規準としても有効に活用できる。

指導目標と目標行動は,心理学の背景からすると二律背反的で排他的関係にあるように捉えがちだが,授業論としては決して二者択一的な存在ではなく,それぞれが相互補完の役割を担っており両者は相互媒介的な存在にある。両者の長所・短所を上手に噛み合わせ統一的関連を図っていくところに「わかる」と「できる」を統合した授業の創造がある。

3.「やる気」の心理と動機づけ

「やる気」とは ここで言う「やる気」とは,言うまでもなく「学習意欲」のことである。辞書などは,意欲(volition)を「積極的に何かをしようと思う気持ち」(広辞苑)と定義しているが,学習心理学などでは,「あることをしようとする動機(欲求)が幾つかある時,その中の1つを選択し,その動機(欲求)の目指す目標を実現しようとする意志に支えられた心の働き」というように,動機と結びつけて捉えている[19]。

「やる気(意欲)」は達成動機で説明される場合が多い。宮本美沙子氏は「達成動機とは,その文化において望ましい目標とされる事柄に対し,卓越した水準でそれを成し遂げようとする意欲」で,「ひらたく言えば『やる気』である」と述べている[20]。

アトキンソン(J.W.Atkinson)は,達成動機づけの強さを「動機×期待(成功に対する主観的確率)×誘因(目標に対する魅力)」で説明している。また,辰野千寿氏は学習意欲の構成要素(内容)として,欲求(要求),決断力,興味,必要感,要求水準(期待),忍耐力,固執性(持続力),自主性,自発性の9つをあげている[21]。

「やる気」を起こさせること，つまり意欲を喚起させる要因として，多くが欲求，動機，動因，誘因，意志などの要素をキーワードとして取り上げて説明しているが，これらの要素の相互関係は必ずしも明らかでない。共通点は，意欲をまず内部過程の問題として捉え，「動機づけ」によって引き起こされる価値実現の行動であり，「よりよくやり遂げたい」とか「成功したい」という，意志力の伴った欲望だとする考え方にある。

ホメオスタシスの原理　授業における意欲の実践研究をもとに，「動機づけ」（とりわけ「達成動機」）の考え方を取り込んでまとめてみると，「学習意欲とは，何かやり遂げたいという生理的エネルギーが内部過程で生起し，それを行動化して価値実現に導いていく一連の過程」と捉えてみることができる。

図表 1-9　要求が生じるメカニズム

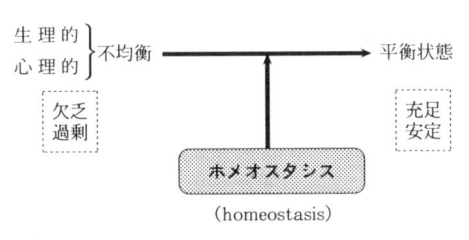

そこで，学習者が意欲を喚起していく一連の心理過程について検討を加えておきたい。

学習意欲を喚起させるためには，まず学習者の内部過程に「何とかしたい」とか「何とかならないか」といった生理的エネルギーを生じさせる必要がある。学習者の内部に「要求 need」が生起しなければならないからである。

生理学者のキャノン（W.B.Cannon, 1871-1945）は，人間の生体内で生理的・心理的な欠乏などの不均衡が生じると，それをもとの状態（均衡）に戻そうとする働きが生まれると主張，これを「ホメオスタシス(homeostasis)の原理」と呼んだ。このもとに戻そうとする際に生理的エネルギーが生じるのである。そのエネルギーが「何とかしたい」という内部変動を引き起こす。それが「要求」である。

子どもたちに学習情報を提示して一方的に刺激を与えたり，すぐに解答を与えたりしたのでは「要求」は生じない。いかにして「何とかならないか」といった精神的欠乏（ハングリー）の状態にさせるかである。その欠乏をもとの状態に戻そうとして生じる「要求」が「やる気」のエネルギー源になるのである。

動因と誘因　精神的欠乏だけで「やる気」につながるわけではない。「何とかしたい（要求）」という潜在的エネルギーを外面的な行動に導いていくものが次に必要になる。「あ，そうか。これは面白いぞ」と学習者が積極的に取り組む気持ちになるような「動機」が必要なのである。

　内面に生じた「要求」を積極的に外面的行動に導いていく働きを持つものを「動因 drive」と呼んでいる。それには，さまざまな「動機」がある。

　人間は，新奇なものに魅了され，複雑なものや困難なものに対して追究心を燃やし，矛盾の克服と葛藤を通じて興味と関心を高めながら，動機を強めていくものである。ここでいう新奇性や複雑性あるいは矛盾性などが「動因」として働くのである。

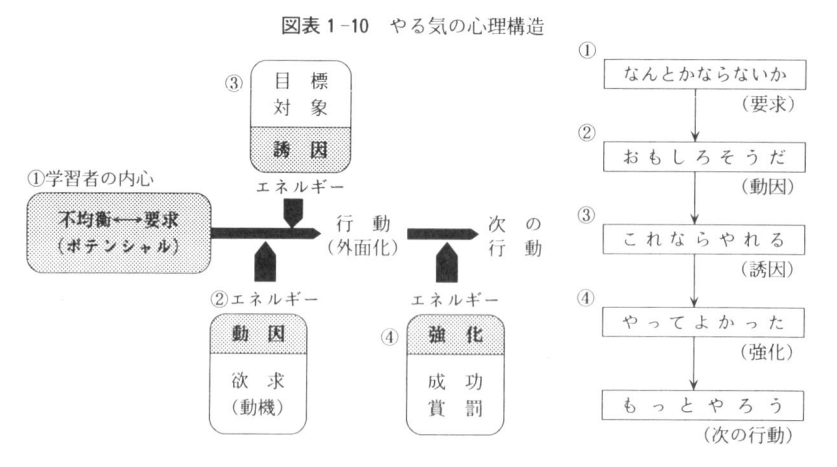

図表1-10　やる気の心理構造

子どもに上手な暗示を与えたり，知的な好奇心を起こさせるような情報を提示したり（新奇性 novelty），多少は複雑で困難を伴うような刺激を与えたり（複雑性 complexity），また精神的な葛藤を生じさせるような内容に取り組ませたり（conflict）するなど，「これはおもしろいぞ」という気持ち（欲求）に高めていくことが大切である。
　続いて，動因によって触発された欲求行動が持続し，実現に立ち向かっていこうとするエネルギーが必要になる。「これはおもしろいぞ」という気持ちから「これならやれる」とか「やり続けたい」という自信に高まっていかなければならない。
　このように欲求を持続させ，方向づけていく事象や対象を「誘因 incentive」と呼んでいる。例えば，追究する目標やその意味をはっきりさせてやることである。目標が曖昧でわかりにくいとか，学ぶ内容に魅力性が乏しいと「誘因」として機能しない。
　学習者が，何について，何のために，どんなことを学習するのか目標や学習対象がはっきり把握できると追求行動が持続する。しかも対象について価値感を抱いたときは追究の熱も高まってくる。目標の明示や教材の持つ価値が「誘因」として働くのである。
　授業で子どもたちに目標を把握させることの重要性はここにある。そのためには教師の方で明白な指導目標と明確な目標行動をあらかじめ設定しておくことが肝要になる。

「達成」の心理と動機づけ　「やる気」は，以上のように「要求（なんとかならないか）」に始まって，「動因（おもしろいぞ，これならやれる）」という心理状態から「誘因」による「やり続けたい」という一連の内部過程を包含した心理状況をいうのである。
　だが，これで終わらない。「やろう」として努力し目標を征服（達成）し，「やってよかった」という成功感や成就感をもつことによって一連の過程は一応終結することになる。そして，この達成による自信（成功感）が動機づけになって興味が湧き，さらに次なる

目標に向けて「やり続けていく」ようになる。こうして「意欲が高まった」状況がよりはっきり見えてくる。

授業で子どもが努力して問題が解けたとか，一生懸命調べてある成果を生み出したときに，「よく頑張った」とか「よくできた」と称賛してやる。それが動機づけになって自信を持ち，次なる追求活動に意欲を燃やすことになる。これを「外発的動機づけ extrinsic motivation」と呼んでいる。

外発的動機づけに否定的な意見もある。自己の目的的行動の達成感が学習に対する興味や知的好奇心を高め，それが「内発的動機づけ intrinsic motivation」になって，次なる追究行動に結びつくというのである。

授業では両方の動機づけを使い分ける必要がある。いつも外発的動機づけを行うと競争心を煽ったり，教師の意図する方向に仕向けてしまう危険性がある。内発的動機づけは自主性を育てる利点がある半面，学習者の興味や関心に押し流されたり，自由奔放な行動に出る可能性が高いなどの難点がある。

[引用・参考文献]
1) J. Dewey, *How We Think*, 1910.
2) I. Scheffler, *The Language of Education*, Charles C. Thomas Publisher, 1964. 村井実監訳『教育のことば —— その哲学的分析』東洋館出版社, 1981年
3) 都内のある私立大学での講義「教育方法の研究」の履修学生（3・4年生）に対する調査。男女差はほとんどない。
4) 例えば，J.レイブらの状況的学習論。

J. Lave, The culture of acquisition and the practice of understanding, In D. Kirshner & J. A. Whitson (Eds.), *Situated Cognition: Social, Semiotic and Psychological Perspectives*, Lawrence Erlbaum Associates, 1997, pp.17-55.

なお，佐伯胖「学びの転換－教育改革の原点－」（岩波講座 現代の教育第3巻『授業と学習の転換』岩波書店, 1998年, 3-24頁）参照。

また，構成主義については，D. H. Jonassen, *Evaluating Constructivistic*

Learning, Educational Technology, September, 1991, pp.28-33 が参考になる。
5) 古藤泰弘ほか編著『学習不適応の発見・予防と援助・指導』(学校カウンセリング実践講座第3巻) 学習研究社, 1991年, 116-117頁
6) J.A.コメニウス, 鈴木秀男訳『大教授学(1)』明治図書, 1962年, 表題, 13頁
7) 『ウシンスキー教育学全集』第2巻, 明治図書, 1960年, 192頁
8) 稲垣忠彦・佐藤学『授業研究入門』岩波書店, 1996年, 85-102頁
9) 『村井実著作集1, 教育学入門』小学館, 1988年, 297頁
10) 村井実著作集1, 前掲書, 297頁
11) 村井実著作集1, 前掲書, 299頁
12) 古藤泰弘ほか編著, 前掲書, 142頁参照。
13) 古藤泰弘ほか編著, 前掲書, 140-143頁
14) ピアジェ (J.Piaget) は, スキーマ体系は新しい情報を取り入れて消化して既有のスキーマに「同化」したり, 消化できないで既有のスキーマ自体を変化させて「調節」しながら生成していくと主張した。
15) 東洋『学習指導論』第一法規出版, 1984年, 87-88頁
16) 古藤泰弘「指導案の作成, 第二段階」(授業技法研究会『指導細案の作成と実例』学習研究社, 1982年, 81-91頁)
17) B.F.Skinner, The Science of Learning and the Art of Teaching, A.A. Lumsdaine & Robert Glaser(Ed.), *Teaching Machine and Programmed Learning*, a souce book, Department of Educational-visual Instruction National Education Association, 1960, pp.99-113.
18) 古藤泰弘, 前掲書「指導案の作成, 第二段階」99頁
19) 辰野千寿『学習意欲の高め方』図書文化, 1977年, 54-55頁
20) 宮本美沙子「学習の動機づけ」(教育学講座第5巻『教授・学習・評価』学習研究社, 1979年, 317頁)
21) 辰野千寿, 前掲書, 55-59頁

第2章 授業の捉え方と基本的技術

第1節 「授業」の意味と捉え方

1. 学習指導のねらい

「授業」の意味とその変化　「授業」に相当する英語としてよく使用されるのは，classroom instruction や teaching であるが，このほかに lesson, instruction, teaching-learning などさまざまな言い方がある。いずれにしても「授業」は，基本的には，ほぼ同年齢の学習集団(学級)を対象に，「教え，学ぶ」行為を中核にして行われる継続的で意図的な活動である，ということができる。

日本の辞書などでは「学校などで，学問技芸などを教え授けること」(広辞苑)と定義し，構成要素として，場所(学校)，対象(学問技芸)，行為(教え授ける)を挙げており，語感としては learning よりも teaching や instruction に近い概念で捉えている。たしかに，近代以降の学校教育は，組織化された学校という機関(場所)で，一定の目的の実現(人格の完成)を目指し，「授業」活動を中核に位置づけ，市民として生きる上で必要な知識・技能の習得と態度の形成を行う機能を果たしてきた。

この基本的な目的や機能は現在も変わらないが，時代の変化と共に学校教育の具体

旧水海道小学校本館（茨城県水戸市）
1882年竣工

的な在り方は大きく変貌してきている。授業についても，文化の継承を基底に知識・技能の習得を中心にした活動から，文化の発信を基底に知的生産・技能開発を中心にした活動に移行してきており，「教え授ける」行為からしだいに「教え，学ぶ」活動へ，teachingからlearningへと授業の重心を移動してきている。

　戦後の学習指導要領では，授業を「学習(学び)」を「指導する(教える)」という姿勢から「学習指導」と称してきたし，学問的にも「教授・学習」過程と呼んだりして，学習者の活動により重点をおいた研究にシフトしてきている。

授業の使命と教科学習　学校における「授業」の大半は「教科学習」である。教科学習は，基本的には，その教科内容についての学習を通じて，学習者の知性を高め「かしこい」人間に育てるとともに，豊かな感性を養い，主体的に生きていける人格の陶冶を図ることにある[1]。

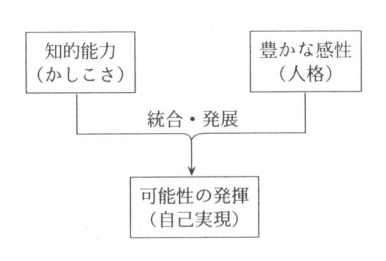

　したがって，授業の使命は，教科等の学習を通じて学習者が知的能力(かしこさ)と豊かな感性(人格)の両側面を調和的かつ統合的に発展させて，「かけがえのない」人間としての成長を促進していくことにある。

　授業は，通常，教室(運動場なども含めて)という場所で，集団をベースに行われる。その空間では，教師と子どもの人間的な関わりや情報交換が行われ，また子ども同士の意見のやりとりも行われる。さ

知的能力(かしこさ) 豊かな感性(人格) → 統合・発展 → 可能性の発揮(自己実現)

グループで協力して学習する子どもたち
(神奈川県相模原市立淵野辺小学校)

まざまなレベルでの人間的な関わりを持ちながら，対社会的な実践として授業が展開している。

キャズデン(C.Cazden)が言うように，授業活動では認知的な伝達(命題機能)だけでなく，対人的な人間関係の修復や樹立(社会的機能)，自己の存在証明や態度の表明(表現機能)などが不可分に結びついて展開している[2]。

このようなさまざまな「機能」をもった実践を通じて，一人ひとりの子どもが「一個」の豊かな人格(知性と感性の統合)を持つ人間として社会性を身につけ，未来に向けて自己実現できる可能性を秘めた能力(capability)を育成していく。これが教科学習のねらいであり，そういう活動を保障し推進していくのが授業の使命である。

「授業が成立しない」　　以前は聞かれなかった言葉だが，最近は「授業が成立しない」という言い方がよく使われる。国立教育研究所の調査結果の報告書(1999年9月)の中でも，「授業中に子どもたちが勝手な行動をして教師の指導に従わず，授業が成立しないなど，集団教育という学校の機能が成立しない学級の状況」があると述べ，いわゆる学級崩壊について報告している。

学級崩壊というのは，「学級がうまく機能していない状況」であり，「学級担任による通常の手法では問題解決ができない状態に立ち至っている場合」だと同報告書は述べている。学級崩壊に至ると，授業時間になっても子どもが席に着かない，勝手に立ち歩く，おしゃべりを止めない，各自勝手なことをする，奇声をあげる，当然だが教師の指示は無視し

図表2-1　学級運営上の課題
(複数回答)

調査項目（一部）	学校数(割合)
担任が注意すると，反抗的な言動をとる	23.3%
授業が始まっても自分の席に着こうとせず，お喋りをしたり，遊んだりしている	22.5
授業中大声を出したり，関係のない話をしたりしている	17.9
授業中，教室の後ろで遊んでいたり，教室から出ていったりする	16.7

東京都教育庁（1999年7月）

て従わないなど，教室内が無法状態になる。

　そこで，「授業どころではない。生徒指導が先決で，それを解決してから授業だ」とか，「授業は止めて教室を出て子どもと遊ぶことだ」と言われる。こうして，「授業が成立しない」から「授業からの逃避」が始まることになる。

知性と感性の修復　　学級崩壊は，現実に授業ができる状況でないことは確かである。だが，考えてみると，授業における認知的機能と対人的機能の断絶が事態を深刻にしているのである。授業の生命である「知性」と「感性」との調和が崩れ亀裂状態になったのである。それが「授業が成立しない」の意味である。

　とすると，「授業」から逃避して解決できるだろうか。形式的な「かしこさ」にこだわりすぎて「感性」を蔑視していないか，「かしこさ」の中に潜みがちな無機的な学力部分に目を奪われて「子ども」というナマの人間を診ない教育になっていないか。知性と感性の分裂をもたらすような指導上の問題点はないか。

図表2-2　学級崩壊事例（N＝102学級）

1．教師の学級経営が柔軟性を欠く	74
2．授業の内容と方法への不満	65
3．いじめなどの対応遅れ	38
4．校内の連携・協力が不十分	30
5．学校と家庭との信頼関係が不足	27

国立教育研究所調査（1999年9月）

　それらを点検し明らかにした上で，教科内容についての「学び」の在り方と感性が育つ場との統合関係をどう修復していくか，改めて構築し直していくことである。「授業」崩壊は「授業」という教科学習の原点（「使命」）に立ち戻って検討しなければ解決しない。

2．授業の捉え方

授業の構成要素　　「授業」を構成要素でみると，学校という「場所」で，教師と児童・生徒の活動という「人間の行為」が存在し，「対象」としての教材・教具があり，それらが相互に関係し合いながら展開されている。

これに,情報の概念を入れて捉えてみると,学校という教育環境の中で,教師・学習者・教材の3諸要素が「情報」を媒介にして相互に流動的に作用し合いながら,複雑な動態状況を呈しているのが授業だ,といってよかろう。「金魚鉢の中の魚」のようだと評されるように,それぞれの魚は勝手に泳ぎ回っているようだが,全体的にまとまっているようにも見えるのが授業である。

子どもと一緒につくる授業
（青森県八戸市立小中野小学校）

授業は「生きもの」の意味　授業は構成要素の相互関係だけでは説明仕切れない「何か」がある。例えば,斎藤喜博氏は「授業は芸術である」と言う。「優れた授業は芸術家の創造的な仕事に等しい」,そこでは「学級の子どもたちが,みな自分を発揮し,わき目をふらず生き生きと活動し,みんなの力でつぎつぎと新しい発見をし合っていく」（『斎藤喜博全集第4巻』46頁）もので,良い授業は「生きものであり,創造的なところに特質がある」と述べている。

　波多野完治氏は「授業は,人工的な原理によってではなく,先験的な原理によってできている。」「授業のように,人間と人間とのナマミの接触で,したがって過程自身が生きているものについては,システムというような人工的なものは,何ともし難いものがあるように思う」と述べている。波多野氏は「ナマミの接触」の中に先験的な原理が潜んでいると捉える。

　C.キャスデンが言うように,授業におけるコミュニケーションは複雑である。ある子どもの発言を通じて教師と子ども,あるいは子ども同士の人間関係の修復が図られたり,協力意識が芽生えたりして,予期しない方向に展開することがある。

　たしかに,授業は,過程自身が生きている「生きもの」である。

しかし反面では，人工的に「生かしている」側面を持つ。授業過程で予期しない偶発的な事態に遭遇してもうまく対処できるのは，ある教育的価値の実現を目指した意図的活動だからである。予想もつかない「創造的な営み」に発展するといっても，そうした営みに仕立てているのは「人為(教師の活動)」が働くからである。

「反省的授業」の捉え方　授業を「反省的実践(reflective practice)」の過程とし，「教師と子どもが，教室で刻々と生起する多様なジレンマと遭遇し，問題解決的思考を展開して，授業と学習に参加している」状況だとする。これが「反省的授業(reflective teaching)」の捉え方である[3]。この捉え方を提唱したショーン(Donald Shön)は，教師と子どもたちが共に「反省的思考＝探究」(デューイ)を遂行し合うのが授業だと述べている。これまでの授業は，「技術的実践(technical practice)」つまり科学的技術の合理的な適用原理でもって授業を統制しようとしてきたとし，それは歴史的使命を終えたとする。それに代わって授業を「反省的実践」の過程と捉える。

この立場では，まず「子どもに理(ことわり)の世界を与える give kid a reason」(D.ショーン)。子どものどんな発言や行動にも，たとえ間違っていても，合理的な根拠があると考え，教師は，その子どもの「理の世界」を受け入れていく。そして「反省的思考＝探究」を子ども自身の思考と活動の内側から促進していく，その過程が授業だとするのである[4]。

この授業観では，「授業の中で生起してくる様々な葛藤との遭遇」と「反省的な思考(＝探究)の促進・誘発」を柱にしており，そこで展開される教師と子どもの「ナマミの接触」を通じ，状況と対話しながら子どもの「反省的思考(reflective thinking)」を促すことになる。学習を「状況的な学び」を育てる「学び合う共同体」にしていくプロセスと捉える状況的学習論を背景に持つ授業論である。

授業の所産的捉え方　授業の捉え方は，甲論乙駁の自己主張を繰り返しながらいろいろな立場や側面から論じられてきた。その立論の仕方をみると，1つには，授業によってどのような人間の育成を目指すか，その所産に視点をおいた立論がある。

　例えば，「学習者の諸能力（認識・技術や感性・表現など）の発達を促す活動」であるとか，「学習者が自己の諸能力を具現化する活動」であるのように，人間として生きるにはどんな能力の習得や適応力の育成が望ましいかなど，その所産の在り方に視点をおいた論じ方である。

　授業を「世代から次の世代へ文化遺産を継承・伝達する活動」（伝統的）と捉える立場と，「共同体の中で『一人前』とされるアイデンティティを形成する活動」（J.レイブ）と捉える立場とでは，その所産についての考え方は大きく変わってくる。

　前者は文化の継承・伝達に必要な知識・技能の育成を目指すことになるが，後者は文化人類学的な視点から社会参加活動に必要な能力の育成が重視されることになる。

授業の過程的捉え方　授業展開の活動過程に視点をおいて論じられる場合は，コミュニケーションの様態やそこでの教師や学習者の関わり方が中心になっている。

　「教師による教材と子どもの能力の統一過程」とか「学習者の問題解決活動を方向づける過程」や「情報を媒介にした教師と学習者との双方向コミュニケーション過程」あるいは「反省的実践の過程」など，過程の在り方を視点に論じられる。

　「授業は生きもの」という場合と「情報を媒介としたコミュニケーション過程」だとする捉え方とでは，活動過程の意味

図表 2-3　授業を3要素の相互関係で捉える考え方

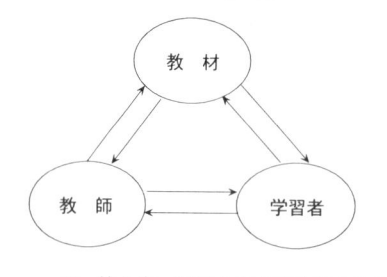

や見方・考え方に大きな差異が生じてくる。また，授業技術の「実践的適用」の過程とみるか「反省的実践」の過程と捉えるかによって，コミュニケーションにおける活動の意味づけや授業の捉え方そのものが大きく変わってくる。

　現実の授業は，所産的な捉え方と過程的な捉え方とが不可分に統合して存在している。授業論を検討する際には，どの視点に重点をおいた論議であるかを見極めておく必要がある。

授業の捉え方の基本　　以上にみてきたように，授業の捉え方はさまざまである。それは授業が，いろいろな側面を持ち多要素からなる動態的な複合体だからである。そこで，最大公約数的にかつ現実的に捉えて可能な限り単純化してみると，授業は，
① まず，生きた人間（教師と学習者）が存在し，（人的要素）
② 一定の教育的価値の実現を目指し，（価値志向活動＝目的や目標が存在）
③ 継続的で意図的な営み（計画性）
であると，捉えてみることができる。

　授業の基本的なファクターを，人的要素，価値志向活動，計画性に絞って考えてみたい。

　人的要素としての教師と学習者は授業の当事者である。授業の主役である教師と学習者（群）は，ナマミの接触（対決や交流）を基本とした双方向コミュニケーション関係にある。

　「教え・学びの活動」（認知的機能）や「人間関係の樹立活動」（社会的機能）が一体になって，教師と学習者間や学習者同士のさまざまなレベルのインタラクティブな情報交換が行われる。

　授業の目的は教育的価値の実現である。学習者の知的・技能的諸能力（かしこさ）の育成を図り，同時に感性の豊かな人格を持つ人間形成を目指す価値志向活動である。したがって授業の目標設定が重視されその価値性が問われることになる。

授業の目標や目的の実現を図るためには，意図的な活動を継続して行っていく必要がある。そのためには計画性が重視されなければならない。その中心はカリキュラム編成であり，具体的な授業設計能力が問われることになる。

3．コミュニケーション過程における授業方策

双方向コミュニケーションモデル　授業過程における教師と学習者の活動の在り方や，教材・教具の位置づけを検討するために，図表2-4に示すような図化を試みた。前節で述べた「授業の捉え方の基本」をベースに「情報」の概念を取り入れて描いた三方向のコミュニケーションモデル図である[5]。

このモデル図では，「教師」，「学習者（集団）」，「教材（自然・社会・文化，メディアを含む）」の三者が「情報」を媒介にして，相互にどのように関わり合っているか表している。

教師と学習者のナマミの接触では，教師にとっても，学習者にとっても，絶えざる「予測」や「選択」，「判断」や「決断」の連続であり，その緊張関係を維持し発展させているのである。どう維持し発展させるか，そこに授業方策の巧拙がある。教師と学習者間に引かれた3本の線(情報の交流)が以上の内容を表している。

また，教師や学習者は教材(自然・社会・文化)からそれぞれ学び取る活動を行っている。人間をとりまく自然・社会・文化(メディアを含めて)が，教師や学習者の働きかけに呼応して，求められた情報(素材的教材)を送り返す。それを教師や学習者が取り込んで同化や調節によって自己形成していく。それを表しているのが，教師の教材研究と学習者の自己学習(調べ学習など)であ

図表2-4　授業における双方向コミュニケーションのモデル図

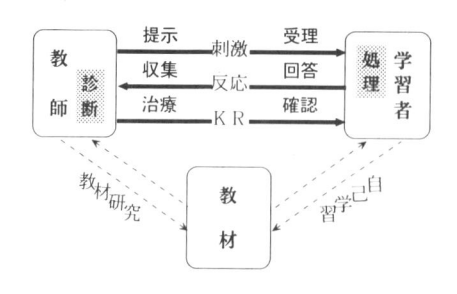

る。ここで得た情報は「教え・学び」のナマミの活動の中で練り上げられることになる。

以下，図表2-4のモデル図をもとに，授業の方策について検討を加えてみたい。

「刺激」情報における方策　まず，教師から何らかの「刺激」情報が学習者に向けて発信されなければ授業は発進しない。通常は，学習課題についての意欲喚起をねらった「最初の発問」で授業を発進させている。

インターネットで調べる教師と子ども
（東京都豊島区立目白小学校）

斎藤喜博氏は「授業の質は，最初の発問によって決定的に決まってしまう」と言う。さらに続けて「最初の発問」は「相撲でいえば立ち会いに当たる」と言い，にもかかわらず，「一般に教師はひどく呑気で，（中略）『前の時間は何を勉強しましたか』だの『きょうは何をしっかり勉強しましょう』だの『お行儀よく勉強しましょう』だの一般的なことを最初の言葉で発問する。」これでは「授業など出発しない」と，厳しく警告する[6]。

この「最初の発問」は直接的な一発解答を引き出すのがねらいではない。学習課題に内在する対立や矛盾と学習者の認識のズレに鋭く切り込んでいく必要がある。学習者が主体的に学習の核心に迫る手がかりを掴み，追究に意欲を燃やすようにすることにねらいがあ

図表2-5　発問の種類

類　型	ね　ら　い	予想される局面例
拡散的発問	学習課題の把握	導入（最初の発問）
	次の発展への布石	次分節への転換場面
対置的発問	具体的な思考活動の誘発	ふし目づくり（山場）の場面
収斂的発問	授業のスムーズな進展	確認する場面
示唆的発問	授業の停滞からの脱出	話し合いや討議の場面

るからである。拡散的発問を工夫することが大切である。

事例で検討してみよう。「検地・刀狩と士農分離」の授業実践での例である。「刀狩令」の原文のコピー(子どもは読めない)をOHPで提示し，「これは何？ 読める？ 何と書かれている？」「誰がなんのために書いたものなの？」と，拡散的発問を投げかけた。部分的に「豊臣秀吉」とか「百姓」「刀」などの文字を発見する子ども，また旧字体から想像を働かせて追究を始める子。

この1枚のOHPシートの提示が子どもたちにさまざまな思考活動を誘発し個性的な追究活動が始まった。「秀吉はなぜ刀狩をしたのだろうか」(収斂的発問)のような刺激情報では子どもの追究は始まらないのである。

図表2－6　「刀狩令」をOHPで提示

豊臣秀吉掟書

條々

一 諸國百姓、刀、脇指、弓、やり、てつはう、其外武具のたくひ所持候事、堅御停止候、其子細者、不入道具をあひたくはへ、年貢所當を令難澁、自然一揆を企、給人にたいし非儀の動をなすやから、勿論可有御成敗、然者、其所之田畠令不作、知行ついえになり候之間、其國主、給人、代官として、右武具悉取あつめ、可致進上事、

一 右取をかるへき刀、脇指、ついえにさせらるへき儀にあらす候之間、今度大佛御建立の釘、かすかひに可被仰付、然者、今生之儀者不及申、來世までも百姓たすかる儀に候事、

一 百姓は農具さへもち、耕作専に仕候へハ、子々孫々まて長久に候、百姓御あはれミをもつて、如此被仰出候、誠國土安全萬民快樂之基也、異國にてハ唐堯のそのかミ、天下を鎮撫せしめ、寶劔利刀を農器にもちゐると也、本朝にてハためしあるへからす、此旨を守り、各其趣を存知、百姓は農桑を精に入へき事、

右道具急度取集、可有進上候也、

天正十六年七月八日 ◯（秀吉朱印）

思考を誘発する刺激情報　授業における刺激情報の多くは学習内容に関する「提示」や学習行動の「指示」である。教師からすると，提示した学習情報は学習者が受理するものと思いがちだが，現実には「提示すれども受理せず」といった状況がかなり多いのである。

　情報を受理しない。その原因の一部分は学習者自身にもあるが，基本的には教師の側に起因する場合が多い。「学び」の心理を踏まえ，注意や関心を喚起し，思考活動を誘発するよう情報に工夫を凝らして提示していないからである。

　バーライン(D.E.Berline)は人の注目や探索活動を誘発する刺激の条件として「新奇さ」「複雑さ」「強度」「矛盾ないし葛藤」の4つを挙げている[7]。これに「親近性」を加えたいが，少なくとも，この知見に学んで，提示を工夫する必要がある。

　まず，第1に，「刺激」情報が学習者にとって「驚き」や「疑問」あるいは「意外性」のある情報であるかどうかである(novelty 新奇性)。そのためには，図表2-7のように教材をいかに加工するか情報の内容（コンテンツ）が重要である。

　2つには，図表2-6の「刀狩令」の例のように，学習者が多少

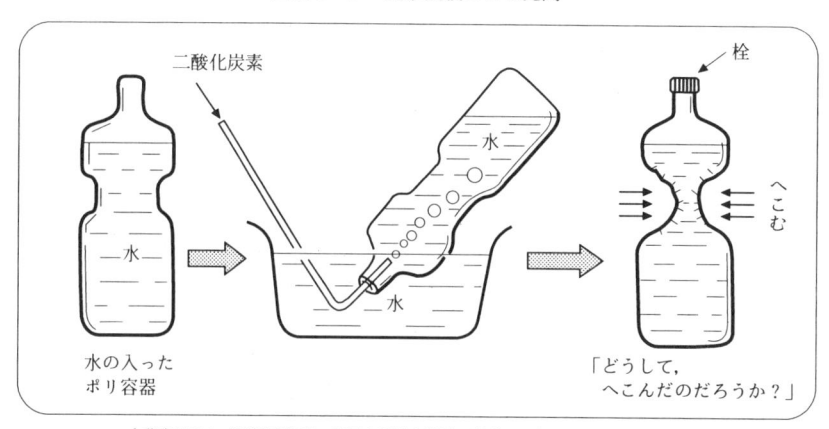

図表2-7　演示実験による発問

古藤泰弘ほか『学習不適応の発見と予防と援助・指導』（学習研究社，1991年，94頁）から引用

困難を感じたり，時としては困惑や不安感を抱くような情報であるかどうかである(complexity 複雑性)。わかり切っている既知の内容やあまりにもかけ離れた情報には関心を示さない。

　第3には，学習者の既知の知識や経験のパターンと相克するような情報であるかどうかである(conflict 矛盾性)。そして4つ目には，学習者にとって身近で切実感のある情報かどうかである（intimate 親近性)。

　「刺激」情報は学習内容に関する「提示情報」だけでない。発問や演示，指示・指名などさまざまの種類や形態があるが，上述の条件は，学習活動の「指示」に際しても同様である[8]。児童・生徒が教師の「指示」に反応を示さないとか，従わない状況の中には，このような条件への配慮に欠けた教師の言動に起因する場合が多い。

「反応」情報における方策　　学習者は，教師から発信された情報を受理すると，内部過程でその情報を同化したり調節したりする。既有のスキーマとうまく調整して新しい解釈を生み出す者もいれば，疑問を抱く者もいる。あるいは理解できないで当惑している者や情報の受け入れを拒否する学習者もいる。

　教師はこの段階で，どのような反応が学習者の内部過程で生起しているか，提示情報をどう捉えどう解釈しどう理解しているか，またどう行動(power)化しようとしているか，学習者の「内的反応」の処理内容についての情報収集活動を開始することになる。

　だが，「内的反応」の様子は直接見るわけにはいかない。通常は，学習者たちの表情や態度あるいは雰囲気の観察を通じて行っている。時には挙手を求めたり，「斉唱(「ハーイ」)」させたりして内的反応を外面化させる。こうした方策をとることによって受理した情報がどのように処理(理解や思考，受け入れや拒否)されているか，全体的な傾向や個別の状況を経験的に察知し推測する。

　それはあくまで「推測」であり「憶測」である。内部での学習反

応(covert response)の継起の様態を直接知ることはできない。推測の精度を高めていくためには，自己の「鑑識眼(connoisseurship)」(アイスナー)を高めるとともに，ある種の手段を援用してみることも必要である。

表情・身振りなどの観察に加えて，「挙手」に工夫するなどして「顕在反応(overt response)」に置換させる方法が用いられている。あるいは数人の抽出生徒に発言や記述をさせて全体の状況や個別の判断をしたり，簡易反応具を併用するなど種々の方策が採られてきた[9]。

カードで挙手の工夫　「挙手」に工夫して顕在反応させる方法として，学習者全員に手のひら(掌)で軽く握ることのできる「番号カード」を持たせて表示させる方式がある。後方の座席からは誰が何番のカードで表示しているか見ることができないので，学級全体の雰囲気に左右されることなく，一人ひとりが自己判断で回答できる利点がある。

例えば「わかった人は1のカード，わからない人は2のカード，質問のある人は3のカード」で表示させる。カードを着色しておくと，一目で視覚的に理解度が弁別できる(理解度表示法)。理解できてもできなくても全員が答えるところに意味がある。授業参加を促すことになるからである。

また，思考活動を伴う内部過程を表出させるには，ある学習者の意見や発表に対して「そう思う(賛成)は1のカード，そう思わない(反対)は2のカード，他の意見がある者は3のカード」という方法(同意法)で全員に回答させることもできる。

もう少し複雑な反応が予想される場合は，3〜4人の抽出児に発言や記述をさせる。それに対して，「A君と同意見(ないしは近い意見)は1のカード，Bさんの意見に賛成な

図表2-8
カードサイン

第1節　「授業」の意味と捉え方

図表2-9　さまざまな簡易反応具（かつて販売されたものを含む）

▶レスポンダー（学研）

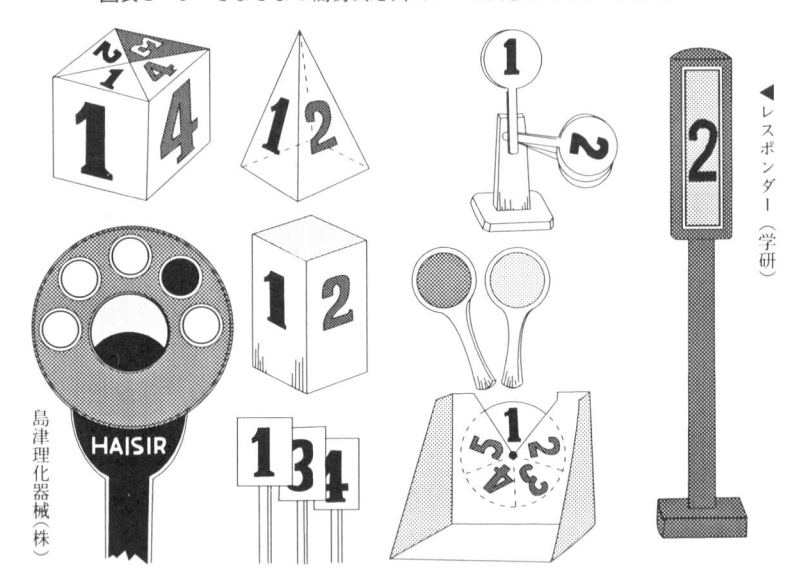

島津理化器械㈱

図表2-10　簡易反応具の使用についての
　　　　　学習者の意見（挙手とくらべて）

1．答えやすい…………自分の判断で
2．素直に表明…………周囲を気にしないで
3．教師との緊密感……すぐ先生にわかって
　　　　　　　　　　　もらえる

ら2のカード，C君に近い意見は3のカード，その他の考えだと4のカード」というように表示（構成選択法）させることもできる。

　カードを用いた挙手の方法は，学習者の授業参加意識を高めるだけでなく，学級全体の学習雰囲気づくりにも役立つ。同時に，教師にとっても学習者一人ひとりの内的状況をかなり明確に収集できる利点がある。注意したいのは，カードの「番号」だけに気を奪われるのではなく，表情や態度など感情表出の状況を併せて注視し，総合的に判断していくよう心がけることである[10]。

　「KR」情報における方策　　学習者は自己の内部状況を外部に表出すると，その見返り（feed back）を求めたくなる。また友人はど

んな解釈をしているのだろうか知りたくなる。それが学びの心理である。ややもすると教師は学習反応の収集に終わってしまう。それが「教え」の心理でもある。

教師は，収集した反応情報をすみやかに分析し診断を下して，その結果についての情報を学習者に返してやることである。それを学習者は期待している。学習者にとっては，自己の学習反応の結果が良い(好ましい)か，良くない(好ましくない)かについてのフィードバック情報が得たいのである。

教師からのKRで笑顔をみせる子ども
（レスポンダー利用の授業）

このフィードバック情報は，学習者が表出した反応の結果(良否や適否)についての「知らせ」なので，KR (Knowledge of Results) と呼んでいる。授業方略によって多少の差異はあるが，一般には，KR情報は素早く返してやるのが望ましいとされる。翌日になって「昨日の，あの考えは素晴らしかったね」と知らされても，当人にとっては意味のある情報とはならないからである。学習反応が生起した時にその場でKR情報が返ってくると，自己評価(self-evaluation)として機能するだけでなく，行動主義心理学などでは「即時強化(reinforcement)」と呼んで，望ましい反応が起こりやすくなると主張している。

KR情報の内容と質　授業過程におけるKR情報のほとんどは，教師の口頭や表情・動作等による承認(不承認)の意思表示である。

その際に「難しい問題だが，よく解けた」とか「素晴らしい発想だ」というように感情を込めた情的KRにする工夫も大切である。また，どこがどのように不十分なのか激励のための補足や時には叱責も必要だし，理由を付して助言的に治療的なKRを返してやることも肝要である。

KR情報は，1つには学習者個人が自己の進歩の度合いが確認できる内容でなければならない。自己の学習状況が学習目標にどの程度どのように接近しているか確認できること(目標への接近度)。

　2つには，学習目標への魅力性が感得でき，学習者が価値のある学習活動を行っていると満足できる内容であること(目標への魅力性)である。

　KR情報によって，学習者は自己の学習反応(発言や記述)の可否(良否)や価値を確認し，自己の学習行動の意義(「かしこさ」)を自覚するとともに，自己の存在価値(「人格」)に自信を持つようになるのである。

　さらに大切なのは，全体的な傾向や誰がどんな考え方を持っているかの情報も一緒に返してやることである。「教室で誰かが発言したとき，その発言には，教え学ばれている内容に関する説明や伝達が行われているだけでなく，教室内の対人関係が築かれ修復されて」[1]いくのである。KR情報にそういう社会的機能を果たす役割を持たせることも大切である。

4．授業過程の支援モデルと総合的な学習

授業のパターン化　学習活動を教師が積極的に促進したり制御したりするか，それとも消極的な関与にとどめるか，あるいは学習活動が生じやすくなるようなヒント程度の応援(プロンプター)役に徹するかなど，情報制御の強弱や関与方法の違いによって授業過程は大きく変わってくる。

　動的な授業過程をある静的パターンでもって固定的に表現することは冒険であり危険であるが，典型例を示して授業活動における「学び」の心理や「教え」の心理を考察したり，授業方策の有効性や在り方について検討を加えるためには有効な方法である。

　東洋氏は，学習指導の場面の型として，「自由探究」，「方向づけられた探究」，「コンサルタント付探究」，「教材による自習」，「講義

型指導」および「モデル学習」の6つに分け，それぞれについて，教師，学習者，教材などの関係的様態を分析している[12]。

これらのうちいくつかは，図表2-4で提示した双方向コミュニケーションモデル図で説明できるが，「自由探究」，「コンサルタント付探究」や「方向づけられた探究」などは別のモデルを必要とする。学習活動が教材(素材的情報)と学習者との直接的な交渉で進められ，教師が前面に出てこないからである。

学習活動の支援モデル　東洋氏は「方向づけられた探究」と「コンサルタント付探究」の授業モデルについて，次のように説明している[13]。

前者は「どのような素材的情報にはたらきかけるかを，教師がある程度指示したりヒントを与えたりすることで方向づける場合」だと言う。後者は「教師がイニシアチブをとらず，学習者が求めた場合のみ方向づけを与えたり情報を補ったりする」場合であると言う。

両モデルとも，教師と学習者との直接的情報の受発信がきわめて乏しく，学習者が主体的に教材(素材的情報)に働きかけ，調査や観察，体験などを通して教材から直接的に学習情報を収集し処理していく学習形態をとることになる。教師は学習者の教材への働きかけにヒントや指示を与えたり，あるいは学習者の求めがあれば「方向づけ」を行うなどコンサルタント的役割に留めるのである。

これは既述の双方向コミュニケーションモデルでは説明できない。そこで「支援モデル」とも呼ぶべき別のモデル図を用意し，図表2-12

図表2-11

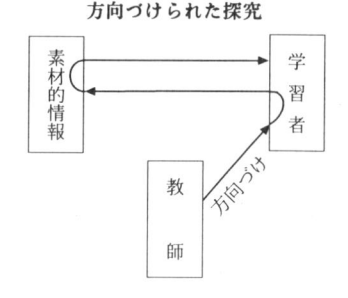

方向づけられた探究

コンサルタント付探究

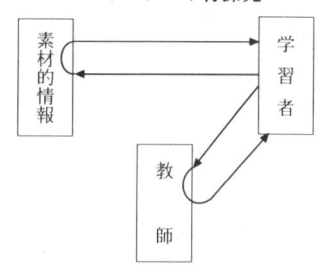

東洋『学習指導論』(第一法規出版，1982年，9頁)から引用

図表2-12 学習支援モデル

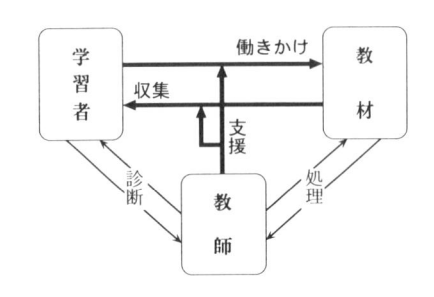

のような図化を試みた。

　授業活動の主人公は学習者で，学習者の一人ひとりが自分の設定した課題の解決に向けて，主体的に教材（自然・社会・文化，メディアも含む）に働きかけ，自らの力で情報を収集してまとめ，発表するなど学習活動を自ら構成し展開していくことになる。

支援モデルにおける方策の検討　「支援モデル」の授業形態では，学習者による調査活動や観察，実験や実習，あるいは直接体験による探究活動が中心になって進められる。その際に，図書類やCDあるいはインターネットなど各種のメディアを活用した情報収集活動など調べ学習が中心になる。教師はそうした学習活動が活発に行われるよう「支援」するのである。

　教師は，あくまでも学習活動におけるよき相談者（カウンセラー）であり，応援者（プロンプター）であり，協議者（コンサルタント）である。また時には観客（スペクテーター）として評価役にまわる。それが「支援」における方策である。

　学習者が収集した情報の価値を判断するのも学習者自身であり，情報を加工して処理したり，表現したり，発信したりするのも学習者が自己の判断と責任で行うのである。

　教師は学習活動状況について，その是非や良否を「指導」するのではない。たとえ間違いがあっても，まずは，学習者の理を受け入れる。傾聴的姿勢で聞き入れ，診断するにとどめるのである。その上で，学習者と一緒になって検討し対処していくことになるが，その方向性のイニシアティブは学習者に委ねることになる。

総合的な学習のねらい　この「支援モデル」授業の典型は「総合

的な学習」である。ただ「総合的な学習」には，さまざまな捉え方[14]があるので，こでは平成10年版学習指導要領(小・中学校は平成10年12月告示，高等学校は平成11年3月告示)で創設された「総合的な学習の時間」を取り上げてみることにする。

学習指導要領では「総合的な学習の時間」を「教科外」に位置づけ，学習のねらいを次のように述べている(小・中・高等学校とも同一の文言である)。

(1) 自ら課題を見付け，自ら学び，自ら考え，主体的に判断し，よりよく問題を解決する資質や能力を育てること。
(2) 学び方やものの考え方を身に付け，問題の解決や探究活動を主体的，創造的に取り組む態度を育て，自己の生き方を考えることができるようにする。

また，学習活動については，次のように記している(小・中学校は同一の文言，高等学校もほとんど同じ内容)。

(1) 自然体験やボランティア活動などの社会体験，観察・実験，見学や調査，発表や討論，ものづくりや生産活動など体験的な学習，問題解決的な学習を積極的に取り入れること。
(2) グループ学習や異年齢集団による学習など多様な学習形態，地域の人々の協力も得つつ全教師が一体となって指導に当たるなどの指導体制，地域の教材や学習環境の積極的な活用などについて工夫すること。

このように，総合的な学習は，教科学習の場合と異なって，ある体系的な知識や技能の習得が目的ではない。自ら問題意識をもって追究する探究的態度や問題解決に必要な資質能力を身につける「生きる力」の育成に主眼がおかれる。このため，子

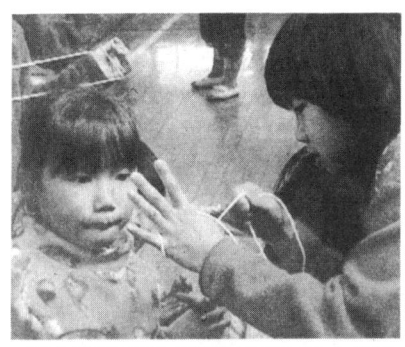

「総合活動」(東京都武蔵村山市立第九小学校)
2年生が1年生に「あやとり」を教えている

どもの主体的で体験的な探究活動が中心に進められ、それを教師が「支援」していく形態をとる。

第2節　方略からみた授業様式と個人差の考え方

1.「○○学習」型授業の様式と方略

多い「探究型」方式の授業　意識するとしないとにかかわらず、教師は教え方に、ある種の「型」を持っている。よくみられるのは、「つかむ→予想する→調べる→確かめる→まとめる」という流れで、いわゆる「探究型」の授業と称される方式である。学校として学習指導案に展開の小段階のネーミングとして記載することを画一的に決めている例もあるほどである。

　探究学習は、もともとブルーナー(J.S.Bruner)の『教育の過程』[15]で提唱された発見的方法を継承したものであり、その中で提示された探究の方法を補強し発展させたのが、シュワブ(J.J.Schwab)の「探究としての学習」である。

　探究学習では、「子どもの探究過程は、1つのすぐれた情報処理過程である」とし、授業の方略(指導過程の手だて)を次のような段階で設定している[16]。

(1) 問題の設定（情報処理目的の確認）
(2) 仮説の設定、検証計画(収集情報の範囲,その種類や性格を決定)
(3) 検証過程（情報の批判的加工と創造）
(4) 結論の吟味（意思決定）

　このように、探究学習では、まず、最初の「問題の設定」の段階で何のために情報処理をするのか、その目的を確認させる。次に仮説を立てて、どんな範囲の、どんな種類の情報を収集するのか検証計画を立てさせる。続いて、収集した情報を批判的(critical)に吟

味して加工し，必要な情報を取り出して組み合わせて検証する。この段階における批判的な思考スキルの育成に最大のねらいをおいている。そして最後の段階で，解釈や思考をめぐらして意思決定をする，という手順で学習活動が組織される。

このすべての段階で発揮される総合的な能力を「情報処理能力」と捉えている。

問題解決学習　J.S.ブルーナーの発見学習やJ.J.シュワブの探究学習などの源流は，J.デューイの提唱した問題解決学習(problem solvinig method)にある。

広義には，発見学習，探究学習，課題解決学習などの学習様式を包含して問題解決学習と呼ぶこともあるが，ここでは，経験主義教育理論に基礎をおいて，デューイが主張した「反省的思考(reflective thinking)」に基づいて展開される学習活動と捉え，その特徴を挙げると，次の5つになる[17]。

デューイ

(1) 困難の漠然とした自覚（新しい問題に直面して当惑する）
(2) 困難点の明確化（問題を分析して知的整理をして何が問題かを把握する）
(3) 解決のための仮説の立案（解決のための仮説を定立する）
(4) 仮説の推論的検討（分析と総合によって仮説を吟味する）
(5) 検討された仮説の実地検証と結論（実験や観察によって仮説を検証していく）

問題解決学習の授業方略は，通常，「(1)つかむ（直面・当惑）→(2)調べる（知的整理）→(3)仮説を立てる（推理作用）→(4)解決する（検証）」のように，4段階に分けて学習過程の各段階を示す場合が多い。

しかし，谷川彰英氏が言うように「この段階が固定された学習形態を意味するものではない」と捉えるのが至当である[18]。

情報活用能力育成の授業　　かつての「情報処理能力」に代わって「情報活用能力（情報リテラシー）」という用語が使用されるようになった。何のために情報処理するか活用主体の目的を包含した概念として捉えるためである。

　「情報活用能力」は情報社会を生きるための基本的な個人の資質だとされる。情報活用能力育成の授業が「生きる力」を培う学習であるとか，主体的な問題解決能力の育成を図る方式だといわれる由縁である。

　この授業様式では，「情報活用能力」の形成過程を予測的に設定し，その形成過程を授業の展開過程に照合させて位置づけるところに特色がある。したがって，情報活用能力の捉え方によっては授業過程の展開段階に多少の差異が生じてくる。

　典型的な事例における授業方略をみると，情報活用能力の形成過程に対応させて授業過程を次のように7段階に分けている[19]。
(1) 何のための問題設定かを明確にする段階（問題の設定能力）
(2) 問題解決にどんな情報を収集する必要があるか検討する段階（情報の取捨・選択力）
(3) どんな手段を用いて収集するかの決定と実行の段階（情報の検索・収集力）
(4) 収集したデータや情報の吟味と検討の段階（情報の理解・分析力）
(5) 設定した問題に対する目的的な情報の処理の段階（情報の加工・生成力）
(6) 個性的な発想や豊かな思考の創出の段階（新たな情報の創出力）
(7) 分かりやすく他人に情報を発信・伝達する段階（情報の表現・伝達力）

　この授業方略では，これらの一連の段階で発揮される統合的な能力を「情報活用能力」と捉えている。

プログラム学習系譜の授業様式

プログラム学習（programmed learning）は，B.F.スキナーのオペラント行動の捉え方を基本にした学習方式である。彼の心理学（新行動主義）の研究成果を学校での教科学習に応用したもので，教室授業の改革に多大な影響を与えた。

図表2-13 プログラム学習の原理

> PROGRAMMED LEARNING
> 1. The principle of small steps
> 2. The principle of cuing and prompting
> 3. The principle of immediate confirmation
> 4. The principle of active responding
> 5. The principle of self-pacing
> 6. The principle of student testing

個別学習やCAI（computer assisted instruction）など学習の効率化や教育の個別化など従来の授業形態に大きな変革を迫った。それだけでなく，一斉集団授業にプログラム学習の原理[20]の一部を適用したり，展開過程に心理学研究の諸成果を導入しようとする動きに拍車がかかったりした。

例えば，オーズベル（D.P.Ausebel）の有意味言語学習，ガニエ（R.M.Gagné）の累積的学習理論やタスク・アナリシス（系統学習や概念学習に応用されている）や，ブルーム（B.S.Bloom）らの完全習得学習（Mastery Learning）など，いずれも心理学的知見を生かして構築された授業理論であり，プログラム学習系譜の授業様式と呼ぶことができる。

これらの授業方略の特色は，授業設計にあたって，具体的な学習目標を設定し，目標に沿って授業の展開過程を組み立てる。教材も展開過程に計画的に配列し，学習者が主体的に思考を働かせながら学習内容を確実に習得していけるよう工夫しているところにある。

「○○型」授業に固執しない　児童・生徒中心の問題解決的能力を育成するためには，「探究的な学習」や「問題解決的な学習」のような授業方略がよいといわれる。一方では，学習者に「基礎的・基本的内容」を確実に身につけさせるような方略として，系統的・概念習得的な学習方式が必要だといわれる。

それぞれの授業様式には，それなりの授業研究の成果や心理学研究の知見が織り込まれており，すぐれた授業方略を立てている。したがってその方略に基づいた様式を授業過程の中で着実に実践適用してみることである。その上で不都合を発見し，さらに新しい授業の在り方を探究していくことが肝要である。授業実践は，「実践的適用」であるとともに「反省的実践」が同居しているところに特質がある。

　陥りやすい問題は，ある特定の授業様式への固執である。それぞれの授業様式にはその方略に基づく特有な「型」を持っている。すべての教科で，しかも毎時間いつも同じ授業様式の繰り返しだと，その「型」に馴染まない学習者にとっては苦痛の連続である。

　教授心理からすると，情報活用能力を身につけさせたい，思考力を伸ばしたいという善意からの固執だが，学習心理からすると自分の学び方に不向きな様式の連続だと，学習成果が上がらないだけでなく学習への嫌悪感が高まることになる。

　すべての学習者にとって最適で最善・唯一な授業様式(型)は存在しない。教科内容や学習目標によって，方略の異なるさまざまな授業様式を組み合わせて実践することが肝要で，学ぶ心理への配慮からも必要なことである。

2．「学びやすさ」の心理と個人差

「個性を生かす」と個人差　　授業で「個性を生かす」とか，「個に応じた」という文言がしばしば使用されるが，その意味する内容は必ずしも明らかでないし解釈もさまざまである。

　個性化教育が強調された当時の文部省の文書(1987年12月の教育課程審議会の答申)によると，改善のねらいとして「基礎的・基本的な内容を重視し，個性を生かす教育の充実を図ること」を挙げており，その説明の中で「その内容（基礎的・基本的内容＝筆者注）を一人一人の児童生徒に確実に身に付けさせるためには，個に応じた指導を

工夫することが大切である」と述べている。

この文脈からすると「個性を生かす」は目的概念で，その方法として「個に応じた」指導を位置づけており，方法概念として用いている。「個に応じた」とは「個人差」を前提にしているので，「個性を生かす」(目的) ために「個人差に応じた指導」(方法) の工夫が大切だという解釈になる。

この捉え方は，平成10年版学習指導要領も引き継いでいる。学習指導要領(小・中・高校とも共通，高校は平成11年版)の「総則」の「教育課程編成の一般指針」の中で「個性を生かす教育の充実」を謳い，その指導計画の作成等に当たって配慮すべき事項の中では「個に応じた指導の充実を図ること」と述べている。

「教える」からみた個人差　　個人差に関して，文部省『小学校教育課程一般指導資料』(1984年11月) の中では，次のように5つの側面から捉えて分類している。
(1) 達成度としての学力差
(2) 学習速度，学習の仕方の個人差
(3) 学習意欲，学習態度，学習スタイルの個人差
(4) 興味・関心の個人差
(5) 生活経験的背景の個人差

文部省の前掲書によると，個人差を「狭義の個人差」と「個性」とに分けている。達成度の個人差のように量的な差が「狭義の個人差」であって，個性というのは「個人内における能力や特性の質的差異」で，例えば「美的な感受性が豊かであるとか，独創的なアイディアに富むなど」であるとしている。つまり，感受性や独創性あるいは意欲や興味など質的な個人差が「個性」に関わるという捉え方である。

注目したいのは，個人差を量的差と質的差に分けていることである。個人差に応じた学習指導に際して，量的個人差への対応と質的

個人差への対応では，その対処の方策が異なってくるからである。そのことを明らかにしたところに新味があるが，この分け方は，「教え」の心理からみた子どもの個人差の分類であることに注目する必要がある。

　言い換えれば「教えやすさ」からみた個人差の分類であり，教えやすくするための授業方法の改善には役立ったが，習熟度別学級編成や達成度別学習指導あるいは能力別学習形態など，等質能力集団に分けて効率的な学習を促進する道を開くことになった。

「学びやすさ」からみた個人差　　「個人差に応じる」というのは，個人の特性を生かすことである。「学び」が個人によって異なるというのは，個人個人が特性を生かしているからである。とすると，学ぶ主体の側からみた「学びやすさ」にはどんな特性があるかが問題になる。

　「学びやすさ」の個人差については，例えば，学びやすい学習スタイルについては，クローンバック(L.J.Cronbach)のATI (Aptitudes Treatment Interaction) 研究[21]がある。そこでは得意とする学び方(適性)を演繹型と帰納型に分類(類型化)している。

　また，認知スタイルの違いは，ケーガン(J.Kagan)やブルーナーそれに市川亀久弥氏らの研究成果を基底にした特性で，外界の刺激(情報)を自己の中に取り込んでいく際の特徴に着目した個人差である。自己の直観を働かせて丸ごと全体像を掴んでいく認知の仕方に得意な直観遂行型と，各部分に注目して系統的に検討しながら全体像を掴んでいくやり方を得意とする系統分析型に分類される[22]。

　これに対して，興味・関心や意

相談しながら学習活動の計画を立てる子どもたち
（神奈川県相模原市立淵野辺小学校）

欲・態度などは，対象によって得意・不得意が異なってくるわけで，得意とする特性と深い関わりはあるが，要因による類型化は不可能である。

　授業活動に関連し，しかも「学びやすさ」と関わりのある特性を抽出して整理してみると，下記のように類型化できる個人差(類型的個人差)と類型化できない個人差(非類型的個人差)に分けられる[23]。

　A．類型的個人差（ある類型に分類できる個人差）
　（1）学習スタイル　　　（類型；演繹型・帰納型）
　（2）認知スタイル　　　（類型；直観遂行型・系統分析型）
　（3）追究スタイル　　　（類型；行動型・熟慮型）
　（4）取り組みスタイル（類型；内向型・外向型）
　B．非類型的個人差（一定の類型に分類できない個人差）
　（5）学習速度の差
　（6）興味・関心の差
　（7）意欲・態度の差
　（8）課題意識の差

類型的個人差にみる行動特性　　演繹型学習スタイルの子どもは，最初に，ものの考え方や基本となる原則など基本的な観点を自分なりに納得した上で，それを展開していく順序や方法を考える。そして一歩一歩その意味づけを行いながら系統的に積み上げ，問題の解決に迫っていく。そういう学び方を得意とする特性を持っている。

　一方，帰納型学習スタイルの子どもは，最初の段階で，学習課題に関連すると思われる事象や事実の収集に取りかかる。そして，それらをもとに予想や仮説を立ててみる。推理を働かせて予想を解明していく方法を定立したのち，事象や事実の中から仮説に関する要素を取り出して検証して問題の解決を図る。そういう順序での学び方を得意とする。

　いずれが優れた学び方であるか，他人（教師も含めて）が決めるこ

とはできない。その子どもの「学びやすさ」の特性なのである。

　学習スタイルの違いだけではない。直観を働かすのが得意な子どもと，部分の検証を系統的に着実に論理づけていく手順を得意にする子ども(認知スタイルの違い)。ある事柄の実行に際して，あまり周囲の状況を顧慮しないでまずは衝動的に直接行動に出る傾向が強い子ども(行動型)，逆に，周囲の環境(人的・物的)を気にし熟慮したのち逐次行動に移っていく傾向の強い子ども(熟慮型)。

　あるいは集団学習やグループ学習だと積極的に取り組む子ども(外向性)，反対に個別学習を好む子ども(内向性)など，学級の中には，さまざまな特性を持ったスタイルの違う子どもがいる。

　したがって，どのような授業様式を用いても，それに合わない特性をもった子どもがいるわけで，授業様式(型)と子どもの特性との関連を踏まえて(応じるのではなく)，子どもの発言や行動に対応していく必要がある。それが一人ひとりを大切にする授業であり，個性を生かす(伸ばす)教育につながるのである。

[引用・参考文献]
1) 古藤泰弘「個性を生かす教科教育の在り方」(教育工学研究協議会編『個性を生かす教育メディア』(財)才能開発教育研究財団，1990年，31頁)
2) C.Cazden, *Classroom Discourse*, 1990.
3) 佐藤学『教育方法学』岩波書店，1996年，76頁
4) Donald Shön, *Reflective Practitioner:How professionals Think in Action*, Basic Book, 1983.
5) 古藤泰弘「双方向コミュニケーションのある授業」(古藤泰弘・小林一也『授業評価の基本と実際』学習研究社，1986年，30-33頁)
6) 引用部分は，『斎藤喜博全集第6巻』国土社，1969年，127頁
7) D.E.Berline, *Conflict, Arousal, Curiosity*, New York, McGraw-Hill, 1960.
8) 古藤泰弘「授業の方策と技術」(沼野一男ほか『教育の方法と技術』玉川大学出版部，1986年，116頁)
9) 古藤泰弘『学習反応を生かす新技法』学習研究社，1979年，90-120頁
10) 高階玲治・古藤泰弘『学習不適応の発見と予防』(学校カウンセリング講座第3巻)学習研究社，1991年，120-121頁
11) 稲垣忠彦・佐藤学『授業研究入門』岩波書店，1996年，16頁

12）東洋『学習指導論』（教育学大全集第28巻）第一法規出版，1982年，8-13頁
13）東洋，前掲書，9頁
14）古藤泰弘・淵野辺小学校共著『インターネットで総合的な学習を立ち上げる』明治図書，1999年，22-23頁
　　詳しくは，佐藤学「総合学習の史的検討」（日本教育方法学会編『学級教授論と総合学習の研究』明治図書，1983年，121-153頁）を参照。なお，古藤泰弘「中学校のカリキュラムにはどんな類型があるか」（雑誌『総合的学習を創る』No.94，1998年11月号，明治図書，31-33頁）では5類型に分けている。
15）J.S.Bruner, *The Process of Education*, Harvard University Press, 1961. 訳書は，鈴木祥三・佐藤三郎『教育の過程』岩波書店，1963年
16）社会科教育研究センター『探究学習の内容編成と指導法』明治図書，1981年，42-44頁
17）J. Dewey, *How We Think*（1933年版）では，(1)a felt difficulty（困難の漠然たる自覚）(2)difinition of the difficulty（困難の明確化）(3)suggestion of possible solution（もっともらしい解決を思いつく）(4)rational elaboration of an idea（着想の推論）(5)corroboration of an idea（着想の確認）の5つに分けている。（　）の中の訳は梅根悟『問題解決学習』誠文堂新光社，1954年，による。
　　なお，谷川彰英氏は『社会科理論の批判と創造』（明治図書，1979年）の中で，「問題解決学習とは，子どもが直面している問題を解決することを通じて，子どもたち自身が自らの経験や知識を再構成して発展させようとする学習である」(141頁)と述べている。
18）谷川彰英，前掲『社会科理論の批判と創造』144頁
19）古藤泰弘「情報処理能力を育てる視点に立って教育から学習への転換をどう進めたらよいか」（新井郁男『指導観の転換』教育開発研究所，1996年，58-61頁）参照。
20）沼野一男『教育工学』NHK市民大学叢書，1971年，では，スキナー型のプログラム学習の原理として次の5つを挙げている（193～197頁）。
(1)学習者検証の原理　(2)個人ペース　(3)積極的な反応　(4)即時反応　(5)スモール・ステップ
　　また，堀内敏夫・古藤泰弘「プログラム学習の心理学とその原理」（堀内敏夫『プログラム学習とTM』大日本図書，1972年，269-308頁）では，上記の5つのほかに「キュー(cue)減少の原理」を加えている。
21）L.J.Cronbach & R.E.Snow, *Aptitudes and Instructional Methods*, New York, Irvington, 1977.
22）辰野千寿『学習スタイルを生かす先生』図書文化，1989年，に詳しく記述されている。
23）教育工学研究協議会（編者代表・古藤泰弘）『個性を生かす教育メディア』（財）才能開発教育研究財団，1990年，44-46頁

第3章 学力形成と授業づくりの心理

第1節 学力の捉え方と授業づくり

1．学力の捉え方

「学力」問題　「学力」という言葉(用語)は「学習指導要領」や「指導要録」の中では使用されていないし，学問的にも「何」をもって学力とするかについて，統一的な定義があるわけではない。一般の日常語であり，教育用語でもあるところに，この言葉の曖昧さと捉え方の複雑さがある。

わが国で，「学力」が特に意識され始めたのは1950年頃からである。それは皮肉にも第二次世界大戦後に華々しく登場した「新教育」への批判が端緒である。当時「新教育」の花形としてもてはやされた「問題解決学習」に対して，そんな教育では「基礎学力」が低下してしまうと，社会一般の人々から疑問が出され批判され始めたのが契機である。

「このごろの子供たちは理屈はたくさんいうけれど，漢字が書けなかったり，読めなかったりで，計算もろくろくできない。人名や地名もさっぱり知らないではないか」など，「基礎学力の低下」への嘆きが誰いうとなく聞かれるようになった[1]。

こうした世間の批判に応える形で，教育

討議する子どもたち

研究者たちによる「学力」論争が巻き起こった。一般にいう「学力」の意味と教育用語としての学力の意味と捉え方は違うのか，学問的に「学力」をどう捉えるか（定義や内容）が本格的に論議され始めたのである。

やがて文部省も，学習指導要領改訂や教育改善の資料にするためという名目で，「全国抽出学力調査」(1956年)や「全国一斉学力調査」(1962年以降)を実施し始めた。

文部省がこれらの調査で「学力」という言葉を使用したこともあって，「学力」問題をさらに複雑にし，社会一般，学校現場，文部省それに教育研究者間の論議と四つどもえの論争になり，イデオロギー色の濃い感情的な抗争にまで発展した。

その論議の中で見落としてならないのは，学力問題は「学力」だけを切り離して論議しても意味がないし，生産的でないという教訓である。子どもの学習成果への対応さえ考えればよいといったレベルで済まされる問題ではない。直接的には授業の内容や方法の問題であるが，それに留まらないで，教育理念や制度，教育の本質に関わっており，さらには社会・経済的背景や教育的価値観と不可分に結びついた問題である。そういう脈絡を欠落させた論議は意味がないことを明らかにしてくれたのである。

「学力」とは何か　現在のところ，何をもって「学力」とするか統一的な定義に収斂しているわけではないが，これまでの論議を通じていくつかの方向性は見えてきた。それを整理してみると，次のような3つに分けてみることができる[2]。

(1) まず，学校など教育機関における教育指導の中で，学習者個人が学習と発達の成果として発揮できる諸能力(abilities)。

学校という場における意図的・計画的に組織された学習内容や教材の習得過程を通じて，学習者が主体的に獲得・形成した能力を重視する立場である。教育目的や理念が目指す人間像やその基本的な

資質ないしは力量という形で設定され，時代の要請的変化(例えば，学習指導要領の改訂)によって，その内容は変容することになる。
(2) 学習者個人が到達するであろう，あらゆる可能性を包括した潜在的可能性(capability)。

　学力を大変広義に捉えた考え方で，発達と学習のほか知能をも含め，また能力の獲得・形成の時間的・空間的な条件も問わない。学校だけでなく学習主体が環境から学ぶ社会的諸能力をすべて幅広く包含して学力と捉える。
(3) 特定の学力検査や学力(能力)調査等によって客観的に表される諸能力(achievement)。

　操作的定義と呼ばれるもので，検査等により測定されて得たデータによって示される。一見，学力の内容が客観的に明確になる利点はあるが，検査や調査の内容・手続きの妥当性を問題にすると，定義にはならなくなる，という難点がある。

「学力」の領域の検討　　いずれにしても，「学力」は，学習者個人が獲得し形成した「成果」であり，発揮可能な「諸能力」(abilities)ないしは潜在的可能性としての「能力」(capability)の総体である。

　「成果」というのは，学習者が学習活動などで，自己を介在させて内面化(獲得・形成)した「もの」だからであるが，それは「知識・技能・情意」などの作用を伴った「諸能力」として存在することになる。それが「学力」の内実である。

　したがって「学力」の輪郭をはっきりさせるには，「諸能力」の内容や働きを明らかにする必要がある。例えば，「知識」と「技能」では心理的働き(機能)を異にするし，「思考」と「興味」とは異なる精神作用である。心理的働きの違いによって能力を分類すると，「学力」の中身が見えてくる。

　そこで，先学の知見に学んで，次のような3つの領域に分けてみることにする[3]。

1つには「認知」的領域(cognitive domain)の学力である。事象や事実を知り，それを自己同化して記憶に留めていく精神作用の総称であるが，事象や事実の内部関係についての洞察や把握などを含んだ概念である。例えば，記憶，知識，理解，把握力，応用力，思考力や判断力のような諸能力をいう。

　2つには「技能・能力」的領域(psychomotor or skill & power domain)の学力である。技能的な実習・実験や身体運動などのスキルや，計算能力のような技能的操作から見方・考え方のように思考操作を伴う能力(power)など広範な領域を含む概念である。例えば，計算する，記述する，実験する，見方・考え方，調べ方，適応力，表現力や発表力のような諸能力をいう。

　3つには，「情意」的領域(affective domain)の学力である。事象や事実への関心を示す精神作用から，すすんでものの価値を内面化する積極的な行動力をも含んだ精神作用をいう。例えば，興味・関心を持つ，感動する，意欲がある，信念や価値観を持つなどの諸能力である。

　このように「学力」は，認知的，技能・能力的，情意的などの諸領域を包含する幅広い概念であることがわかる。

　なお，「指導要録」では，各教科学習の成果を「観点別学習達成状況」として記載することにしている。平成3年版では評価の観点として「関心・意欲・態度」「思考・判断」「技能・表現（又は技能）」および「知識・理解」の4つを挙げている。

「学力」の階層（レベル）の検討　　次に学力のレベルについて検討してみると，例えば「知識を得る」「分析力がある」「思考力がある」などは同一の認知領域に属するが，精神活動のレベルでみると一様ではなく程度に差があることがわかる。

　同様に，技能・能力的領域においても，「計算」「調べ方」「表現力」を比べるとレベル差が認められるし，「注目する」「興味を持つ」

「価値観を持つ」(情意的領域)の間にもレベル差がある。

これらの差異を学力の階層としてみた場合,「達成としての学力」「学習能力としての学力」および「心的能力としての学力」の3つのレベルに大きく分けてみることできる[4]。「達成としての学力」というのは,いわゆる「学んだ力」といってもよい能力で,記憶や理解,読み・書き・計算,あるいは受容(受け入れ),注目する,といった達成レベルの学力をいう。

これに対し「学習能力としての学力」というのは,いわゆる「学ぶ力」と呼ばれる能力で,学習活動の際に発揮する把握力や解決力,見方・考え方やまとめ方,さらには興味・関心や意志・意欲など,学習能力レベルの学力を指している。

「心的能力としての学力」は,「学ぼうとする力」ともいうべき能力で,積極的に思考する力,判断する力や想像力,適応力や表現力,あるいは信念や価値観などのように,心的能力レベルでの学力をいう。

このように,学力のレベルを階層的に捉えてみると,一口に「学力」といっても奥行きのある概念だということがわかる。図表3-1に学力の領域別階層(レベル)を一覧表にまとめておいた。

この表をみると,それぞれの能力は独自性を保持しながらも縦横に相互に絡み合っていることがわかる。とりわけ知性(「かしこさ」)と人格(「感性」)の統合を使命とする教科学習では,各領域の能力のバランスを図った授業づくりがいかに大切であるか理解できる。また,思考力や表現力あるいは意欲など心的能力を育成するには,それに関連した達成レベルの

図表3-1 学力の領域別階層(レベル)

	認知的領域	技能的領域	情意的領域
達成レベル	記憶,知識,理解	計算,記述,操作,実験,実習,身体・運動	受容,反応,注目
学習能力レベル	把握力,発見力,応用力,解決力,分析力,総合力	見方,考え方,調べ方,読み取り方,やり方,まとめ方	興味・関心,感情・感動,意志・意欲
心的能力レベル	思考力,集中力,想像力,直観力,判断力	適応力,表現力,発表力	信念,価値観,世界観,態度,行動力

諸能力や学習能力レベルの諸能力の習得が前提になるのである。心的能力だけを育成するわけにはいかないのである。

2．学力観からみた授業づくりの変遷

「新教育」と問題解決学習　第二次大戦直後の「新教育」は『新日本建設ノ教育方針』(1945年9月15日)に始まった。

『新教育指針』(1946年5月から1947年2月にかけて5分冊で発行)により，新しい教育課程の路線が敷かれ，「軍国主義及び極端な国家主義の除去」「公民教育の振興」「科学的教養の普及」についての指針や「個性尊重の教育」「新教育の方法」などが提示された。まさに教育観の大転換であった[5]。

1947年3月20日には「新教育」の基本となる『学習指導要領一般編(試案)』(昭和22年版)が文部省から刊行され，民主教育の第一歩を刻んだ。いわゆる「新教育」がスタートしたのである。

その内容(「第4章　学習指導の一般」[6])は，「学習の主体は児童であって」「児童の学習の道すじに従う」こととし，「子供の意欲・興味・自発性・生活経験」を重視した。梅根悟氏が言うように「科学の体系に代えるに生活の体系を以ってする」教育内容と，「生きた生活そのものを体験させ」て「現実的なもの，具体的なもの，生活的なものに即して知性を磨き，情操を豊かにする」という，生活単元中心のカリキュラムであった。

「新教育」は，これまでの主知主義的で抽象的・固定的な「形式的能力」の育成に主眼を置いた「旧学力」観の全面的な否定として「新学力（問題解決的学力）」を位置づけた。

この「新学力」観に基づく授業づくりには，従来の注入方式の排除と新しい民主主義社会への適応の仕方をどう学ばせるかにエネルギーが注がれた。具体的な生活事実の中から，いかに問題を見つけて，その問題をどう解決し，どう思考するか，「問題解決能力」の育成に向けられた。経験主義教育に基礎をおく問題解決学習であった。

図表3-2　「学力」の捉え方の変遷

①	昭和20年代	「問題解決的学力」（経験主義的学力論）	問題解決能力＋生活適応能力
②	昭和30年代	「基礎的・系統的学力」（知識主義的学力論）	基礎的・構造的知識＋技能
③	昭和40年代	「科学的・客観的学力」（科学主義的学力論）	科学的知識＋知識獲得過程
④	昭和50年代	「全人間的学力」（人間主義的学力論）	主体的経験＋科学的知識・技能
⑤	平成初年代	「自己教育的学力」（生涯学習的学力論）	情意×（基礎・基本＋情報活用）
⑥	平成10年代	「社会適応的学力」（自己責任的学力論）	自己解決力×（主体的体験＋基礎・基本）

問題解決学習が目指す学力は実用主義的・生活技能的であり，「問題解決能力＋生活適応能力」であったとみることができる。態度主義的な学力観に特色があったといえる。

この典型的授業は戦後の花形教科「社会科」に多くみられ，子ども中心の教育活動が各地で展開されたが，「新教育，野球ばかりが強くなり」の川柳にみられるように，「基礎学力」の低下が社会問題となった。

研究者からも『新教育への批判』（矢川光徳，1950年）や『牧歌的なカリキュラムの自己批判』（広岡亮蔵，1950年）が発表され，経験主義教育の見直しとともに基礎学力をめぐる論争が起こった。

基礎的知識と系統的学習　こうした経験主義に基づく授業の見直しが始まったのは1955（昭和30）年前後からである[7]。

その背景には戦後の生産復興，流通市場の整備による経済的発展，そして地域主義の崩壊など経済社会情勢の著しい変化があった。

「もう戦後ではない」という有名なキャッチフレーズとともに「技術革新」という造語を生み出した『経済白書』（1956年）が象徴するように，製鉄，輸送機器，石油化学，電気などを中心とする重化学工業が著しく躍進した。そして，その背後には，科学技術の革新が

スプートニク打ち上げ

あった。

世界的には，冷戦が続く中，1957年にソ連がスプートニクを打ち上げ，国際的な宇宙開発と原子力開発など巨大技術の開発が進められた。1960年に政府は「国民所得倍増計画」を策定・公表するが，主要な政策の１つに「科学者・技術者の教育体制の整備拡充」が挙げられた。

このような国際動向と国内における経済社会発展を教育がどう受け止めて，どのような人間像を描いて教育するかが問われた。

昭和33年版学習指導要領は，こうした状況の中で告示されたが，図表３-３に掲げるように，「基礎学力の充実」や「科学技術教育の振興」，それに加えて基礎的事項の学習に重点をおいた「教育の

図表３-３　学習指導要領の特色とその変遷

[昭和22年版学習指導要領（試案）]
・平和教育　　　　　・児童・生徒中心の指導法
・民主主義教育　　　・問題解決能力の重視

[昭和33年版学習指導要領]
① 道徳教育の徹底（道徳教育の特設）
② 基礎学力の充実（特に国語と算数）
③ 科学技術教育の振興（技術科の新設）
④ 進路・特性に応じる指導（職業指導）
⑤ 小中学校教育の一貫性
　　教育の能率化（基礎的事項の学習に重点）
⑥ 義務教育水準の維持向上（教育課程の基準化）

[昭和43・44年版学習指導要領]
① 知育・徳育・体育の調和と統一
② 基本的事項や基礎的事項に精選・集約と系統的発展的な効果的指導（教育の現代化）
③ 能力・適性に応ずる教育
④ 授業時数の弾力的な運用

[昭和52年版学習指導要領] ＊「ゆとりの時間」創設
① 道徳教育や体育を一層重視し，人間性豊かな児童生徒の育成
② 基礎的・基本的事項の重視と教育内容の精選・整理
③ ゆとりある充実した学校生活の実現（自ら考え，判断する子供の育成）
④ 教師の創意工夫ある学習指導

[平成元年版学習指導要領] ＊生活科創設
① 豊かな心をもち，たくましく生きる人間の育成（心の教育）
② 基礎的・基本的な内容の重視と個性を生かす教育の充実（個性化）
③ 主体的に生きる能力を培い，自ら学ぶ意欲をもつ人間の育成（自己教育力）
④ わが国の文化と伝統を尊重し，国際社会に生きる日本人の育成（国際化）

[平成10年版学習指導要領] ＊「総合的な学習の時間」の創設
① 豊かな人間性や社会性，国際社会に生きる日本人としての自覚を育成すること
② 自ら学び，自ら考える力を育成すること
③ ゆとりある教育活動を展開する中で，基礎・基本の確実な定着を図り，個性を生かす教育を充実すること
④ 各学校が創意工夫を生かし特色ある教育，特色ある学校づくりを進めること

第１節　学力の捉え方と授業づくり

能率化」や「教育水準の維持向上」などをもって応えようとした。

同学習指導要領は，その総則で「全体として調和のとれた指導計画を作成するとともに，発展的，系統的な指導を行うことができるようにしなければならない」と述べ，これまでの生活・直接体験中心から知識体系重視の学習への移行を基本に置いた。基礎学力の充実とともに系統的学力(「基礎的・構造的知識＋技能」)の形成に重点が置かれた。

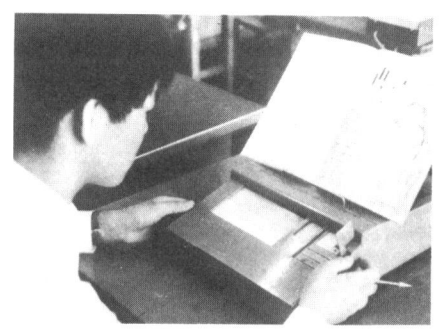

ティーチングマシンによる学習
（学研製 S-Ⅲ型 TM）

こうして，系統的で構造的な学力像を志向することになるが，民間教育団体からは，文部省のいう体系は科学的ではないとして，「科学の体系に依拠した教育内容を準備し，科学的・法則的な認識を獲得」する中で育成する学力こそが重要で，経験主義教育を克服する実践の方向であると主張した。

学習の構造化による授業づくり(山口康助氏)やプログラム学習(ティーチングマシン)による個別指導，あるいは算数教育における水道方式(遠山啓氏)など，知的・系統的な教育方法が脚光を浴びた。

科学的知識と探究的学習　知識主義的学力観にさらに拍車をかけたのは，原子力開発や宇宙開発を始めとする巨大科学の台頭である。

1968(昭和43)年には日本の GNP がついに西ドイツを抜いて世界第2位の座を獲得するなど，科学技術の革新による高度成長経済路線が強力に推進され，工業社会が1つの理想とする大量生産・大量消費の生活の実現に向けて急速に展開した。

テレビ放送を利用する学習

中央教育審議会から『期待される人間像』の中間草案(1965年1月)が発表され，1967年10月には教育課程審議会が『小学校の教育課程改善について』を答申する。この答申の中で注目されたのは，教育内容及び教育方法における「現代化」である[8]。

　小学校の昭和43年版学習指導要領(中学は翌年4月)には，算数に集合論や関数，確率などが登場し，内容の高度化とともに数学的思考力の育成に重点がおかれた。また。理科でも「探求の過程を通じて科学の方法を習得させる」など科学的で客観的な学力の育成を重視し，高度な科学的知識とその獲得過程を中核にした学習の必要性を鮮明に打ち出した。

　このような科学主義的学力論に立った教育方法として，探究学習(理科・社会)や発見学習(算数・数学)あるいはマスタリーラーニング(完全習得学習)などが全国各地で見られるようになった。これらの教育方法が目指す方向は「科学的知識＋知識獲得過程」であった。

OHPを利用する授業

反応分析装置利用の授業

　また，この時期はFA(Factory Automation)化など産業におけるコンピュータ化とともにマスメディアによる情報化も著しく進展し，学習指導要領にも「マスコミュニケーションの発達とその機能を理解させ自主的な判断をもって」とか「さまざまな情報に対処し」という文言がみられるようになった。

　これに関連してOHPやVTRあるいは反応分析装置などの教育機器の活用が目立ち[9]，知識獲得過程の効率化や科学的知識の定着

に役立てられた。授業活動にメディア活用の重要性が認識されるようになった。

　だが，1971年頃から「落ちこぼれ」が社会問題として提起されるようになり[10]，新幹線授業だとの揶揄や授業についていけない子ども，「詰め込み教育」の是正の必要が叫ばれ始めたのである。

ゆとりある充実した教育　1976年12月，教育課程審議会は「ゆとりある充実した教育」を内容とする『教育課程の基準の改善について』を答申した。

　その中で知識偏重の詰め込み教育を是正し，「自ら考え正しく判断できる人間を育成」することを強調する。同時に，基礎的・基本的事項を重視し「個に応じた指導」の必要性を指摘した。

　1973年に起こったオイルショックはこれまでの高度経済成長に一大衝撃を与え，減速経済への移行を余儀なくされた。それが「もの」と「心」の両面において反省の契機をもたらし，技術優先社会における人間疎外や人間の道具視を反省し，人間性回復が叫ばれ始めたのである。

　そうした背景もあって，科学的知識や技能という側面だけでなく，学習者の内的エネルギーをより大切にし，主体的経験を重視する学習への転換を提唱したのである。つまり「頭」（科学的知識）と「手」（学び方＝技能）と「心」（情意）の全面的発達を促す「全人間的学力」を志向することになった[11]。

　『指導要録』も抜本的に改訂(1980年2月)され，新たに「観点別学習状況」評価が導入され，「知識・理解」や「技能・能力」あるいは「思考力・判断力」のほかに「関心・態度」（情意）を含め，4つの

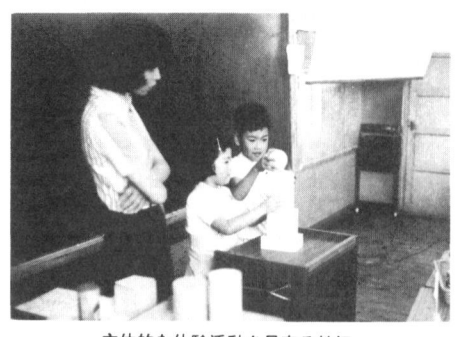

主体的な体験活動を見守る教師

評価観点を設定したのである。まさに人間主義的学力論である。

こうして全人間的な学力(頭・手・心)の育成を目指す授業の在り方が問われたのである。「ものづくり」の授業[12]に代表されるように子どもの主動的な体験活動を中軸に、体感や体験、感覚や感動・共感などを取り入れた学習(体験化)や、個人が主体的に活動できる授業形態(個別化)など、主体と経験を重んじる学習方法に向かうことになった。

この時期はマスメディアによる情報化に加えてコンピュータによる情報化が進行し、教科書にも「コンピュータが変えた商法」(POSシステムなど)とか「知る権利」や「情報公開制度」、「プライバシーの権利」や「クレジットカード」などの記述がみられるようになり、「個人の意識」(関心・態度の重視)の大切さが再認識されたのである。

人間主義的学力観に立った個別化教育(個人差に応じた教育)が推進される中、皮肉にも不登校、非行やいじめ、校内暴力(特に中学校)などが一段と悪化し、教育荒廃が社会問題になってきた。

「新学力観」と情意重視の授業　1984年に、内閣総理大臣の諮問機関として発足した臨時教育審議会は、4次にわたる『答申』の中で「個性重視の原則」を始め「基礎・基本の重視」「創造性・考える力・表現力の育成」や「情報化への対応」など8つの基本的改革を掲げ、一大シンポジウムを展開した。

この論議を踏まえて教育課程審議会は『幼稚園、小学校、中学校及び高等学校の教育課程の基準の改善について』を1987年12月に公表、「心の教育」「基礎的・基本的な内容の重視と個性化教育」「自ら学ぶ意欲と社会の変化に主体的に対応できる能力の育成」などを改訂のねらいとして提示し、新たに「生活科」を新設する

授業にディベートを取り入れる

図表3-4 いわゆる「新学力」の構造図

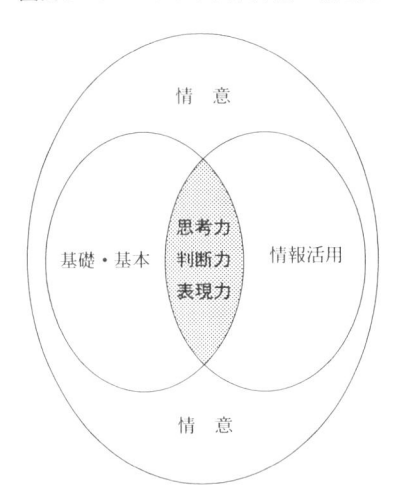

全国教育研究所連盟編『だれもが身につけたいコンピュータの授業活用』(ぎょうせい、1995年、8頁/古藤執筆)

とした。

これを受けて，文部省は，1989(平成元)年3月に新しい学習指導要領を告示し，その仕上げとして『指導要録』の改訂(1991年3月)を行った。その際に「関心・意欲・態度」を「観点別学習状況」評価の4観点のうちの第1番目に位置(1980年版の『指導要録』では4番目だった)づけた。

評価は学力と表裏の関係にあるわけで，この変化をマスコミが取り上げたことが社会的にも注目を集め，「新しい学力」とか「新学力観」という言葉が広く使われた。新学力観について学会等でも論議を呼ぶことになった[13]。

新学力観で重視されたのは「思考力，判断力，表現力」で，内容的には「自ら学ぶ意欲」と「社会の変化に対応できる能力」「基礎的・基本的な内容」「個性を生かす」の4つを指していた。

この「新学力」は，変化の激しい生涯学習時代に生きるに相応しい「自己教育的学力」ともいうべきもので，その特徴は，図表3-4に示すように，「情意」をベースに，その上層部に「基礎・基本」と「情報活用」が部分的に重なり合い，その中核部分に「思考力，判断力，表現力」が位置づく学力像である。

新学力観が「情意」を強調したこともあって，「子どもが動く」調べ学習を前面に押し出し，探究的な過程を重視した授業形態が多く見られるようになった。

注目したいもう1つは，「情報教育」の重視である。1990年頃から日本の経済・社会構造におけるコンピュータ化は通信系のインフラストラクチャーと結合し始めた。

企業活動は従来の「工業技術」に代わって「情報技術」を社会的技術の中核に据え、電子商取引や電子マネーなど「情報を、人・もの・金に次ぐ第四の資源にする」新しい段階に入り、本格的なマルチメディア活用の高度情報通信ネットワーク社会に突入した。国民生活もそうしたネットワークの利便性を活用する社会へと急速な進展をみせた。

TTの協力でインターネット利用
（東京都豊島区立目白小学校）

　マスメディアとコンピュータネットワークの二重の情報化が急激に進行し、学習指導におけるパソコン利用も急速に進展した。「情報活用能力の育成」の必要性が叫ばれ[14]、コンピュータの道具的利用による調べ学習や問題解決的な学習展開、あるいはインターネットを利用した交流学習など参加型学習が見られるようになった。

社会変動と「生きる力」の育成　1990年3月に日経平均株価が3万円を割り、いきなりバブル経済の崩壊が始まった。金融不安、各企業のリストラ、終身雇用の崩壊、大手企業の合従連衡、さらに金融神話の崩壊など大きな変動が生じた。その後は経済の低迷が続き、社会的にも悪質な犯罪やモラルハザードなど大きな不安をもたらした。

　第15期中央教育審議会(会長・有馬朗人)は、こうした動向を背景に、子どもの生活実態や少子高齢社会における教育の在り方等について審議し、1996年7月に『第1次答申』を行った。その副題は「生きる力とゆとり」で、とりわけ「生きる力」の育成を強調し、完全週5日制、教育内容の厳選、横断的・総合的学習の推進、情報化への積極的な対応、「第四の領域」[15]の育成などについて提案した。

　答申の目玉である「生きる力」について次のように述べている。

「いかに社会が変化しようと，自分で課題を見つけ，自ら学び，自ら考え，主体的に判断し，行動し，よりよく問題を解決する資質や能力であり，また，自らを律しつつ，他人とともに協調し，他人を思いやる心や感動する心など，「豊かな人間性で」」あり，「たくましく生きるための健康や体力が不可欠である」と。

　この答申をもとに教育課程審議会は『教育課程の基準の改善』について審議し，1997年に中間答申，翌1998年に最終答申を行った。その柱は「生きる力」の育成で，週5日制，教科内容の3割削減，授業時数の削減，基礎・基本の充実，「総合的な学習の時間」の創設，問題解決能力の重視などを盛り込んだ。21世紀の学校教育の方向が示されたのである。これに沿って1998年12月に小・中学校の学習指導要領(平成10年版)が告示され，2002年から完全実施(高等学校は2003年から学年進行)された。

図表 3 - 5 　1998年6月23日　読売，朝日，毎日，日経の各紙の一面から

「生きる力」と学力観　金融ビッグバンが始まったのは1998（平成10）年である。金融の規制緩和と自由化，5銀行への公的資金の注入などが行われた。一方，米国中心のグローバル化はインターネットとともに急速に全世界に波及，IT（情報技術）革命を伴いながら，世界的規模で経済活動のシステムが大きく変質し始めた。

とりわけ規制緩和，自由化の波はあらゆる社会システムに浸透し始め，自己選択・自己責任など国民の生活意識に烈しく変革を迫っている。このような厳しい社会の変化に適応できる能力が「生きる力」の内実だといってよい。まさに「社会適応的学力」である。

自己選択の社会にあっては，一人ひとりが，自分から問題解決しようとする行動力，つまり「自己解決能力」を持たなければならない。その源泉は「知恵」である。知恵を働かせるには主体的体験によって「豊かな感性」に磨く必要があるし，科学についての体系的な「知識・技能」や「思考力」（「かしこさ」）を内蔵しておかなければならない。

問題解決に際して，何をどう選択しどう適用するか，その決定は自己の責任で下さなければならないし，その結果についての責任も自分で負わなければならない。社会適応的学力は自己責任の原則に立った学力観なのである。

自己の選択や行動に責任が持てる。そのための「学力」はどうあればよいか，そういう「自己責任論的学力観」に立って，豊かな感性とは何か，どう醸成するのが望ましいか，どのような科学的知識や技能が必要か，そのためには授業をどのように設計し，子どもの学習活動をどう組織化すればよいか，改めて検討する必要に迫られている。

「学力低下」[16]や学力デフレスパイラル状態の問題[17]だけではない。科学不在

コンピュータで学ぶ子どもたち
（青森県八戸市立小中野小学校）

の創造教育が問われ，学習意欲の低下，いじめや校内暴力，「学級崩壊」，不登校など教育は厳しい現実を突きつけられている。「かけ算ができなくても，やる気があれば，生きる力になる」などと美しい理念で飾ったり，理想論的な心地よい言葉で教育政策を語る「言霊思想」では済まされない。

「総合的な学習」の創設で解決できるとは考えられないし，インターネットを各教室から接続できるようにしたからといって授業が改善できるわけではない。「教科学習の充実」を中心に「自己責任論的学力観」に立って授業活動をどう建て直すか，その授業づくりの基本（原点）に戻って検討し直す以外に救済の道はない。

第2節　授業づくりの心理と学習指導案

1．授業の方略と授業づくり

授業の方略と方策　授業は，ある価値の実現を目指した意図的で計画的な営みである。したがって，教師は授業づくりに当たって，まず，実現したい教育的価値を授業目標の形（さまざまな表現様式がある）で明確にしておかなければならない。

その上で，教育的価値をいかに着実に実現できるか，そのためにはどんなねらいで，どんな教材・教具を活用し，どんな学習活動を組織化し，どのように展開していくか，その全体計画を構想しなければならない。この授業目標実現のための全体像をどう構築するか，その「うまい手だて」が授業の「方略」(strategy) である[18]。

授業は「方略」（うまい手だて）に基づいて展開されることになるが，展開の途上では，さまざまな対応を迫られる。学習に興味・関心を持たせるため提示活動に工夫が必要になったり，思考活動を促すための発問を行ったり，あるいは学習活動を活性化するため指示

(支援)を与えるなど，展開場面に応じて「打つ手」を工夫する必要がある。この各学習局面で「打つ手」が「方策」(tactics) である[19]。

授業の方略(うまい手だて)を明確にしておくと，展開場面の変化に応じた的確な「方策」(打つ手) がとれる。曖昧だと，「場当たり的」な手しか打てない。授業づくりの基本は授業の「方略」にある。

「内容知」重視の方略と授業づくり　授業の方略の違いがさまざまな授業様式(model)を生み出している[20]。科学的知識・技能の習得や概念・法則の理解，あるいは特定の技術の習得など「内容知」を重視した授業がある。いわゆる「実質的陶冶（substantive discipline)」に教育的価値をおいた授業である。

「内容知」を重視する授業には，これまでに，概念学習や系統的学習，プログラム学習，完全習得学習など種々の様式の授業実践を経験してきた。それぞれに特有の「方略」があり，それなりに教育効果を上げてきた。そうした成果に学びながら，授業づくりの特質を整理してみると，次のようになろう。

「内容知」重視の授業づくりでもっとも大事なのは，まず，最初に授業者が自己の授業づくりについて「問題意識」を持つことである[21]。「この学習者たちに，いま，この内容を，なぜ，学ばせる(教える)必要があるか」，授業者が自らに「問う」てみるのである。「一切の認識は問いに始まる」[22]と篠原助市氏は述べているが，「内容知」重視の授業づくりのいのちは「問い」にある。問題意識がなければ「学ぶ」

図表3－6　「内容知」重視の授業設計

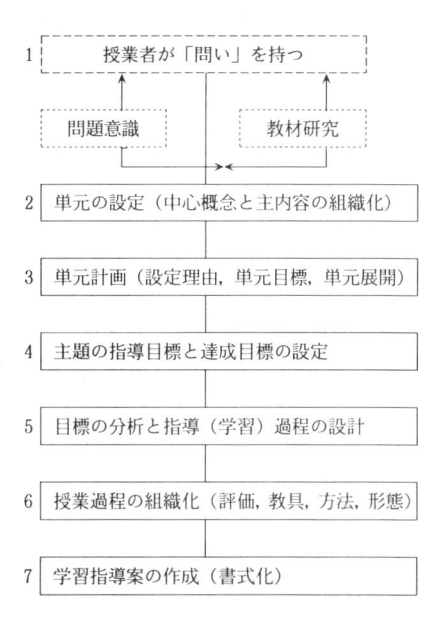

1　授業者が「問い」を持つ
　　↑　　　　↑
　問題意識　　教材研究

2　単元の設定（中心概念と主内容の組織化）

3　単元計画（設定理由，単元目標，単元展開）

4　主題の指導目標と達成目標の設定

5　目標の分析と指導（学習）過程の設計

6　授業過程の組織化（評価，教具，方法，形態）

7　学習指導案の作成（書式化）

意味や授業の必要性が理解できないからである。教材研究もこの「問い」から始まる。

その上で，すべての学習者が主体的に教材と取り組んで葛藤し，活発な活動を誘発しながら学習内容を理解し習得して最終的に達成感を味わう。そういう授業の方略（うまい手）を考える。

例えば，既知から未知へ，基本から応用へ，易から難へ，単純から複雑へ，具象から抽象へ，生活から論理へ，身近から遠方へ，感性から理性へ，あるいは受容から参加へなどの原則を，どう受け止めるか十分に検討して学習過程を設計する。その場合に，分析と総合の手法を援用したり，主体的活動の誘発に心理学の成果を取り入れたり，積極的な活動を促進するための学習教材を検討したり，あるいは学習方法・形態を学ぶ心理に立って工夫したりする。

「内容知」重視の授業の最大のねらいは，知識・理解や技能などの確実な習得にあるが，それに留まらない。学習者の主体的な活動を促進し，科学する心や追究心などの育成にも向けられる。単に文化伝承や伝達の授業で終わらない。ジャクソン(Philip Jackson)の言う「模倣的様式(mimetic mode)」の授業とは異なった展開になる[23]。

「方法知」重視の方略と授業づくり　　「内容知」重視に対して，探究の方法や探究心（態度），法則などの発見の方法，あるいは問題解決能力の育成など「方法知」を重視する授業の様式がある。いわゆる「形式的陶冶(formal discipline)」に教育的価値をおいた授業である。

「方法知」を重視する授業には，問題解決学習をはじめ探究学習，発見学習，仮説実験授業など種々の様式があり，それぞれ特色のある方略を生み出してきた。その共通点は，知識・理解への比重を軽くし，見方・考え方やものの捉え方，表現力や情報活用能力など学び方や探究過程における精神作用に重点をおいているところにある。

例えば，問題解決学習における授業の「方略」は，「反省的思考」

（デューイ）をベースに，いかにして子どもに現実の生の問題に直面させ，解決の道筋（あらかじめ設定）に沿ってどんな活動（経験）を組織していくかにある[24]。

発見学習では，子どもを小さな研究者に見立て，いかにして研究者の発見過程を辿らせるか，その上手なやり方（方略）が決め手になる。探究学習では，課題解決の段階をどのように設定し，各段階でいかに活発な学習活動が組織化できるか，授業の方略（うまい手）を考えることになる。

これらの学習様式の特徴は，人間の思考過程や生体内情報処理の過程を想定し，そのアナロジー（類似）として学習活動の諸段階を設定しているところにある。

図表3－7　「方法知」重視の授業設計

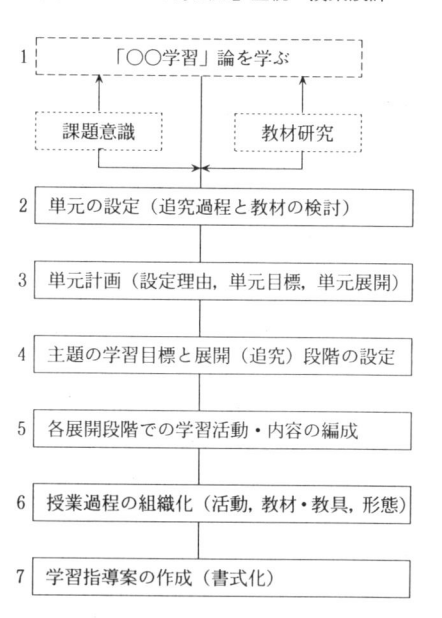

1　「○○学習」論を学ぶ
　　課題意識　　教材研究
2　単元の設定（追究過程と教材の検討）
3　単元計画（設定理由，単元目標，単元展開）
4　主題の学習目標と展開（追究）段階の設定
5　各展開段階での学習活動・内容の編成
6　授業過程の組織化（活動，教材・教具，形態）
7　学習指導案の作成（書式化）

授業づくりに際しては，まず，「○○学習」論の主張（何のアナロジーかも含めて）と実践方法（方式）を正しく理解するところから始まり，納得できる「○○学習」を採用することになる。

授業の活動過程（順序）は，選んだ学習論によって自動的に決定する。例えば，発見学習では「つかむ－予測する－つきつめる・まとめる－適用する」の順序（段階）になる。これに教材を配置し，問題意識を持たせながら活発に活動していけるよう学習形態をデザインする。

「方法知」重視の授業は，ジャクソンの言う「変容的様式（transformative mode）に近い概念である[25]。問題は，ややもすると授業過程の段階が固定的になって形骸化し，決められた順序を追うことで，ものの考え方や捉え方，探究心あるいは情報活用能力が育成で

第2節　授業づくりの心理と学習指導案　95

きると思い込んでしまいがちなところにある。

「体験知」重視の方略と授業づくり　「体験知」重視の授業は，総合学習や生活科の授業などに見られる授業様式で，子どもの「体験」を重視し五感によって内面化される感動や感情を大事にし，豊かな「感性」を育てるところに最大のねらいがある。

授業づくりの特色は，1つには「生活化・総合化」にある。子どもの生活や経験を重視し，いくつかの教科にまたがったり，教科の枠を超えた広領域の学習内容を統合して総合的な課題（主題性のあるテーマ）を設定して追究させる。

平成10年版学習指導要領で新設された「総合的な学習の時間」では，「国際理解，情報，環境，福祉・健康などの横断的・総合的な課題」だけでなく，子どもの興味・関心に基づく課題や，地域や学校の特色に応じた課題を取り上げるとしている。

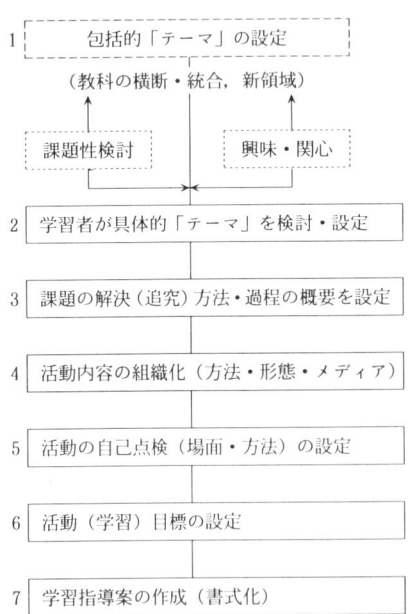

2つには，「体験化・活動化」に特色がある。課題の追求に当たっては，体験的で探究的な活動が主体的に展開できるよう参加型学習活動を中心に組織化する。学習指導要領では，「自然体験やボランティア活動などの社会体験，観察・実験，見学や調査，発表や討論，ものづくりや生産活動などの体験的な学習，問題解決的な学習を積極的に取り入れること」と詳細に記述している。

学習指導要領は「総合的な学習の時間」のねらいについて，「自ら課題を見付け，自ら学び，自ら考え，主体的

図表3-8　「体験知」重視の授業設計

1　包括的「テーマ」の設定
　　（教科の横断・統合，新領域）
　　↑　　　　↑
　　課題性検討　興味・関心
2　学習者が具体的「テーマ」を検討・設定
3　課題の解決（追究）方法・過程の概要を設定
4　活動内容の組織化（方法・形態・メディア）
5　活動の自己点検（場面・方法）の設定
6　活動（学習）目標の設定
7　学習指導案の作成（書式化）

に判断し，よりよく問題を解決する資質や能力」(これを「生きる力」としている)の育成にあり，「学び方やものの考え方を身に付け，問題の解決や探究活動に主体的，創造的に取り組む態度を育て，自己の生き方を考えることができるようにする」ことである，と述べている。

「みんななかよし（1・2年）」（総合活動）で「お手玉」をする子どもたち
（東京都武蔵村山市立第九小学校）

実体験による「感性」(情意) の育成を重視しながらも「方法知」を習得させることに主眼をおいている。実体験は原体験として重要であり大切であるが，そこで得た体験知だけでは問題解決能力のような高次の精神活動には発展しない。体験知を総合的な認識に高めていく知的な営みが欠かせない[26]。

子どもの内面における興味・関心をいかに的確に引き出して，意味のある学習課題(「包括的テーマ」)が設定できるか，そして，子ども一人ひとりが課題性のある「学習テーマ」(課題)を具体的に設定し，いかにして主体的な探究活動が継続できるよう支援していくか，そういう授業方略をどう立てるかが鍵を握っている[27]。

2．学習指導案作成の意義

授業の方略と学習指導案　授業の方略に基づいて授業の実践計画を作成することになる。それが「学習指導案」(plan)である。学習指導案に基づいて授業(do)が展開されることになる。

つまり「学習指導案」は，「授業」の方略を具体化した「計画書」である。教材についての解釈を明らかにし，授業を通じて，どんな教育的な価値を実現しようとしているか，その指導意図に基づいた指針や方略(うまい手)を明示する。したがって「計画書」であると同時に「指針書」としての性格を持っている。

これを別の角度からみると，私(授業者)は，このような教育的価値の実現を目指して，このような展開順序で，学習者にこのような活動をさせていくつもりである，という「覚え書き」ないしは「宣言書」であるともいえる。
　このように，学習指導案はいろいろな性格を備えていて，一義的な定義は与え難いが，広義には次のようにまとめてみることができよう。
　「ある特定の授業について，その学習目標を学習者が習得しやすいように工夫した計画案で，学習内容・方法・形態などの諸要素を指導意図に基づいて整理し，それを時系列で明記した指針書である」。

授業の安全弁　授業は「生きもの」だから，あらかじめ授業の計画書などは作成できないし，必要がないという少数意見がある。学習指導案不要論である。
　確かに授業はある意味では「生きもの」である。予想もしなかった素晴らしい発言・発想や活動が表出し，それによって予期しない展開になることもある。
　だが，ここで見逃してはならないのは，自然の成り行きでそうなったのではなく，教師の方略に基づいた深い配慮(打つ手＝方策)によって新展開を生み出していることである。教師と学習者との協働(collaborative work)によって「生きもの」に仕立てているのである。その拠り所になるのが学習指導案に盛り込まれた方略である。
　授業はやってみなければわからない一面がある。その場合，何を，どう教えたらよいかがわからないのではなくて，それらについての予測は持っているが，学習の各局面でその通りに展開するかどうかは，実際に生きた子どもの現実にさらして見なければわからないという意味である。学習指導案があれば，安心して事態を見極められるという意味である。
　このようにみてくると，学習指導案は授業を放漫な成り行きから

救い，教育価値の実現に向けて展開するための「安全弁」の役割を果たしているといえる。少なくとも，場当たり的な授業にしないための「安全弁」であり，学習権を保障する安全弁になっている。

教師の自己研修　授業の実施前に，これから実践しようとする授業について，何を，どう，どんな方略で，どんな活動を展開しようかと予測を立てる。そのためには，教育内容についての知識・技能を必要とするし，教材解釈についての自分の姿勢(考え)を明確にしておかなければならない。

　それだけでなく，学習者の興味・関心や認識の程度，認知の仕方，学習集団の特性(雰囲気)など多くの要素や条件を頭に描いてみなければならない。学習者に対する深い理解がなければ，どのような活動をさせ，どんな場面を中核において展開していくかの方略も立たない。

　学習指導案づくりは，単に与えられた形式に従って必要事項を記載すればよいのではなく，その背景にある教材と学習者への理解とその解釈や対応策が根底になっており，教師自身が教職専門職としての力量を具体化する仕事である。

　学習指導案を作成する回数を重ねる度に，教材への解釈の角度が鋭くなり深度も増してくる。また，学習者の思考や行動の個人差にも敏感になり，目標に内在する教育価値の実現に最適な方略が立てられるようになる。授業を組み立てる力量がパワーアップし，授業活動における自己(教師)の役割への自覚も高まってくる。

　このように，学習指導案づくりは教師自身の自己成長を促し，教職専門を深めていく自己研修としての機能を持っているのである。

授業の共同研究　教師自身が自己の見識を広め豊かな授業観を身につけていくためには，同僚(校内)の教師や広く他校(地域)の教師との交流の場を設け，情報が共有できる環境の中で共同研究していく必

要がある。

授業の共同研究を推進していく共通媒体として学習指導案はきわめて有効である。ある程度は学習指導案に記載する事項的要素や形式について共通の約束ごとを決めておくと，共通の土俵での授業研究が可能になり，授業観も豊かになる。

授業研究
（東京都豊島区立目白小学校）

授業研究は，ややもすると授業における活動を優先させ，学習指導案不在の研究になりがちである。授業についての印象批評や庇い合いでは研究が深まらないし研修としての意味も乏しい。学習指導案に記載されている内容（目標や方略）を基軸にして授業を検討するというスタンスが大切である。

学習指導案はどんなに詳細に記述したとしても，授業活動のすべての場面を克明に描けるものではない。授業場面のそれぞれについて一挙手一投足まで予測して記述することは不可能だし，意味がない。方略から見て必要な場面を中心に取り上げた記述で十分である。

ということは，重箱の隅をつつくような授業研究は意味がないことを確認しておく必要がある。

授業の科学的な改善　授業研究では，学習指導案は授業の「仮説」として位置づけられる。授業という厳しい現実にさらされることを前提として作成された「仮説」なのである。

仮説であるから「授業」という営みを通じて修正を受けたり否定される箇所や部分が生じる。その修正個所や否定された部分あるいは一般化できそうな場面等を検討し，その改善を図る。その改善点を取り入れて次の「仮説」を立てる。

この，仮説の設定(plan)―授業の実施(do)―授業の検討・改善(see)のループ状の輪の中に位置づけてみると，学習指導案と授業

の科学的な改善との関連が理解できる。と同時に、授業実践の全体の中でいかに「学習指導案」が重要な位置を占めているか捉えられる。教師は、「授業(do)で勝負する」のではなく、まさに「授業実践(plan-do-see)で勝負する」のである[28]。

図表3-9　授業実践の全体

学習指導案の記載事項　学習指導案は、授業の計画書であり指針書であるが、授業を科学的に改善していくための仮説でもある。どの性格を強調するかによって、学習指導案の体裁や記載事項に多少の差異が生じてくる。

ここでは、授業の「仮説」としても有効に活用できる様式と内容を具備した学習指導案の作成(第4章)を考えて、記載すべき事項について簡単な解説をしておくことにする。

図表3-10　学習指導案の構成要素

○○○科学学習指導案

学校名
対象者（対象学級）
授業年月日、第○校時
授業者（氏名）
作成者（共同作成の場合）

I．単元名
・あるまとまりのある学習内容で、学習者にとって1つの完結性をもった学習経験の単位。

II．単元設定の理由（事由）
・その教科（科目）教育の理論と対象者である学習者の発達段階を踏まえて、当該単元について学習させる教育的意味や意義を下記の3つの観点から記述する。
・①教育内容や教材のとらえ方を含めた「**教材観**」、②学習者のレディネスや学習状況などの「**学習者観（児童観、生徒観、学生観）**」、③学習指導によって実現させたい教育的価値についての「**教育観（指導観）**」の3つの側面から単元設定の理由を明らかにする。
　＊学習指導要領の目標や内容等との関連を示しておくとよい。

Ⅲ．単元の指導目標
- 当該単元の学習指導を通じて，学習者に作成させようと意図しているねらいを「目標」の形で明らかにする。
- 「知識・理解」の領域だけでなく，「技能・能力」の習得や「興味・関心」の醸成あるいは「態度」の育成の領域をも含めて目標を設定する。
* 指導要録の「観点別学習状況」(関心・意欲・態度，思考・判断，技能・表現＜又は技能＞，知識・理解)を参考にして目標を設定してもよい。
* 単元の指導目標を領域別に示し，各領域での学習評価の規準になるような具体目標を一覧表にして提示しておくと，評価との関連が明確になる。

Ⅳ．単元の教材構造
- 当該単元を構成する学習内容について，その系列関係や相互関連を図解や表によって提示する。前単元や次単元との関連がとらえられるような工夫をするとよい。

Ⅴ．単元の指導計画と配当時間
- 当該単元を構成する各小単位の呼称(主題や学習テーマ)を明示し，それらの指導順序と配当時間を提示する。
- 主題名だけでなく，各主題別に主な学習内容を記載しておくとよい。

Ⅵ．本時の学習指導
(1) 主題
 (学習者が直接認識の対象として，その時間に取り組む学習テーマの名称)
(2) 指導目標
 (その授業で実現を図りたい教育的価値を教師の立場から明確にした目標)
(3) 達成目標(目標行動) *
 (授業で学習者が到達もしくは達成するだろうと予測される目標を，学習者の立場で明記したもの。学習目標。評価の規準になるような工夫が大切。)
(4) 情報メディア(コンピュータ等)活用の意図
 (この授業で情報メディアを活用する意図やねらい。教材・教具やソフトウェアの特性との関連で明らかにしておくとよい。)
(5) 下位目標行動 *
 (目標行動を分析して得られた学習要素群や要素行動群。(3)を「目標行動」として提示した場合は記載が望ましい。析出した下位目標行動を列記し，それらの形成関係や要素間の相互関連を図示しておくとよい。)
(6) 展 開
 (学習内容，学習活動，指導活動の三者の関連，それに加えてメディアの活用場面，自己評価の場面や，指導・学習上の留意点などを時系列で明記する。図表化して一覧できるような工夫も大切。)
(7) 評 価 (自己評価，相互評価，教師による評価など)
(8) 使用する教育機器や教材・教具

[引用・参考文献]

1）浜田陽太郎・上田薫『社会科教育の理論と構造』(教育学講座第10巻)学習研究社，1979年，122-123頁

2）古藤泰弘「学力のとらえ方と学力観の変遷」(『教育工学実践研究』No.103，(財)才能開発教育研究財団，1991年，11-12頁)
参考，永野重史「学力研究の課題と方法」(東洋『教授と学習』第一法規出版，1968年，307-333頁)。広岡亮蔵『現代の学力問題』明治図書，1978年

3）B.S.Bloom, *TAXONOMY OF EDUCATIONAL OBJECTIVES, The Classification of Educational Goals, HANDBOOK:COGNITIVE DOMAIN*, New York, DAVID McKAY COMPANY INC., 1956.
David R. Krathwohl, *TAXONOMY OF EDUCATIONAL OBJECTIVES, The Classification of Educational Goals, HANDBOOK:AFFECTIVE DOMAIN*, New York, DAVID McKAY COMPANY INC., 1964.

4）古藤泰弘「新学力観と情報手段の活用」(『情報手段を活用した新学力に沿う学習活動の実現方法及びその測定評価に関する研究』平成7年度文部省科学研究費補助金，総合研究A，中間報告書，国立教育研究所，研究代表・山田達夫，1996年3月，4-19頁)

5）参考，肥田野直・稲垣忠彦『教育課程総論，戦後日本の教育改革6』東京大学出版会，1971年，159-186頁

6）引用は『社会科教育史資料1』東京法令出版，1974年，204-211頁
なお，同書には，『学習指導要領社会科編試案(1)(2)』(1947年版)の全文が収録されている。

7）古藤泰弘「学力のとらえ方と授業づくりの変遷」(『AV Science』No.211，東芝教育技法研究会，1993年，2-7頁)

8）「現代化」の問題点については，柴田義松『教育課程編成の創意と工夫』学習研究社，1980年，190-209頁

9）1969年度，文部省(初等中等教育局中等教育課)は，授業改善の先導的試行として，1600万円の予算で，全国から22校の中学校を「教育課程研究指定校」に選定し，反応分析装置(レスポンス アナライザー)とVTR装置を貸与した。これを契機にして「教育機器」の利用が急速に全国に広まった。「教育機器」ということばが生まれたのはこの時である。学校では，OHP，TV(VTR)，反応分析装置を授業の「三種の神器」と呼んだほどである。

10）1976年6月2日，全国教育研究所連盟は調査結果として，半数の子どもが学習不適で「落ちこぼれ」と発表，論議を呼んだ。

11）広岡亮蔵氏は，「頭(基礎知識)と手(学び方，情報処理の技能)を働かせる主人公(人間主体)」と言い，「心と頭と手からなる学力」と述べている。参考，広岡亮蔵『学力論——その一 学力論の発展』(浜田陽太郎・上田薫，上掲書，131頁)

12) 古藤泰弘『社会科・授業理論の新展開と指導プログラム』(財)才能開発教育研究財団, 1986年, 22-23頁

なお, 1973年に教育科学研究会・社会科部会のメンバーを中心に「社会科の授業を創る会(代表・臼井春男)を結成, 機関誌『授業を創る』を発刊(1980年4月から1986年5月まで18冊刊行)している。この中で, 「ものをつくる授業」が数多く紹介されている。

川上泉氏は「ものをつくる授業の紹介」(大槻健・臼井嘉一『小学校社会科の新展開』あゆみ出版, 1982年)の中で, 「ものをつくることを通して, 科学的な社会認識を育てる授業」だと言い切っている。

13) 日本教育学会第53回大会(1994年)のシンポジウム「新学力観とカリキュラム改革」(司会・横須賀薫), その内容は, 学会誌『教育学研究』(第62巻第1号, 1995年)に掲載されている。

日本教育方法学会第29回大会(1993年)のシンポジウム「新学力観を問う」(司会・柴田義松), その内容は, 日本教育方法学会編『新しい学力観と教育実践』明治図書, 1994年に掲載されている。

全国教育研究所連盟の共同研究全国大会(1993年)のシンポジウム「新学力と情報教育」(司会・古藤泰弘), その内容は, 『学習情報研究』(1994年1・2月号, (財)学習ソフトウェア情報研究センター)に連載されている。

14) 全国教育研究所連盟は共同研究「情報教育のあり方に関する研究」(委員長・古藤泰弘, 1992年4月～1994年3月)を行い, その成果として『だれもが身につけたいコンピュータの授業活用』(ぎょうせい, 1995年)を刊行している。

15) 第15期中央教育審議会『第一次答申』(1996年7月9日)によると, 従来の「学校・家庭・地縁的な地域社会」とは違って, 例えば「スポーツ, ボランティアといった目的指向的な」活動を言っている。

16) 和田秀樹・西村和雄・戸瀬信之『分数ができない大学生』(東洋経済新報社, 1999年)や, 高村薫氏の「深刻な学生の思考低下, ゆとりの教育が招いたもの」(毎日新聞, 1999年7月4日)など。

17) 苅谷剛彦氏の主張, 氏の「進む基礎学力の地盤沈下」(朝日新聞, 1999年5月12日)の中で紹介されている。

18) 森川久雄『授業のストラテジー, 新しい授業の創造』学事出版, 1975年, 93頁

19) 古藤泰弘「授業の方策と技術」(代表・沼野一男『教育の方法と技術』玉川大学出版部, 1986年, 97-100頁)

20) Bruce Joyce, Marsha Well, *MODELS OF TEACHING*, Prentice-Hall, Inc., Englewood Cliffs, New Jersey, 1972.

大森照夫『新しい社会科指導法の創造, 基本類型と実践例』(学習研究社, 1978年)では, 12種類の類型を挙げている。

21) 古藤泰弘, 前掲『社会科・授業理論の新展開と指導プログラム』40-41頁

22）篠原助市『教育断層』宝文社, 1938年, 224頁
23）Jackson Philip, *The Practice of Teaching*, Teachers College Press, 1986.
24）第2章第2節, 問題解決学習の項目を参照。
25）Jackson Philip, *ibid.*
26）古藤泰弘「新学習指導要領『総合的学習』の課題」日本経済新聞, 1999年6月13日
27）古藤泰弘・相模原市立淵野辺小学校共著『インターネットで総合的学習を立ち上げる』明治図書, 1999年, 24-25頁
28）古藤泰弘『授業設計の基礎』学習研究社, 1977年, 19-22頁

第4章 学習指導案作成の方法と手順

第1節 単元計画

1．重要な単元設定の理由（事由）

　単元計画の作成の手順は，学習過程のタイプによって多少の違いはあるが，ここでは「知識・技能」などの内容知の形成を重視した授業づくりを基本に，順を追って検討することにする。

単元の指導計画の役割　　1単位時間の授業（本時）についてだけの学習指導案を「略案」と呼んでいる。しかし，学習指導案というと，必ずといってよいほど単元全体の指導計画部分から始まっている。というのは，「略案」だけでは，次のような（特に授業研究としての）学習指導案の役割を十分に果たせないからである。
① 本時の授業の背景を明らかにするため
　授業は連続している。1単位時間の授業だけでは判断のつかない，また，判断してはならない多くの要素が絡み合っている。単元設定の理由の中に示されている内容等を背景にして，はじめて本時の授業を正しく捉えることができる。
② 単元展開の中での本時の授業の位置づけを明確にするため
　前時や前々時では，どんな学習をし，次時にはどんな学習に発展するのか，その前後関係をはっきりさせておかなければ，本時の授業での学習内容やその扱い方を正しく把握することができない。し

かし，これらのことは，教材構造図や単元の指導計画によって読みとることができる。

単元設定の経緯　「単元設定の理由」は，教師が授業を計画する際に，なぜこの学習者に，このような内容を，こんな教材を用いて，この時期に指導するのかという理由（事由）を，明確にしたものであり，別の角度からみると，その単元設定の経緯を教材の捉え方（教材観），教材に対する学習者（児童・生徒）の実態（学習者観），どんな教育的意図で指導するか（指導観）の3つの柱に整理して記述されたものであるといえる。

図表 4-1

指導観
学習者観
教材観

実際には，これらの3つの柱は相互に関連し合っている。一般的には，右図のような包括関係にあると考えることができよう。つまり，単元設定の理由は，これらの3つの柱について明らかにすることが必要である。

また，別の言い方をすれば，「単元設定の理由」は教師の授業に対する姿勢を表明したものであるといえる。

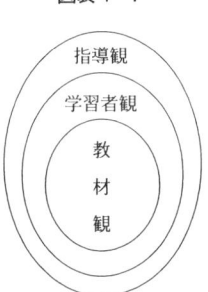

「教材観」　学習内容を教材としてどう見るのかを明らかにする。

どんな課題意識に基づいて教育内容（中心概念）を設定したのか，教科・領域教育の基本概念や基礎的・基本的事項，社会的要求，発達段階，既習学習内容とこれからの学習内容との関連等の課題性と認識との関連をまず調べる。そこから，教育内容を担う教材として何を選んだかの選択理由を，その価値性や学習の可能性において追求し，その解釈を含めて記述する。

教材内容を把握していく具体的な手順としては，教科書，教師用指導書などから未知・未把握な部分と既知・把握している部分の明確な自覚を持って教材内容の解明にあたり，単元全体の教材内容への問題意識を持つ。

次に学習内容の背景になっている文部省学習指導要領，同解説書

に示されている目標，内容，内容の取扱いを確認し，教材のねらいや内容の位置づけを調べ，指導の背景を掴む。そして，複数の教科書やその教師用指導書，さらに文献・専門書などを比較検討しながら，未知・未把握な部分を調べ，学習内容を可能な限り把握する。以上の過程を通して，指導の内容理解を深め，全体とのつながりや発展性を掴む。

「学習者観（児童観，生徒観）」　これから学習する教材に対する学習者（児童・生徒）の実態（興味・関心・態度の程度，認識の実態，前提条件［既習経験，生活体験，必要な経験］等）を明らかにする。

　学習の主体である学習者の心身の発達段階に即して教材を選択しなければならないが，その際，教材に対する学習者の興味・関心や体験の有無などの実態を考慮する必要がある。

　学習者が興味や関心を持てない教材は価値性に乏しいと考えてよいが，表面的な興味に追従することも禁物である。既有経験や興味・関心を重視しながらも，それらの実態を授業を通して科学的なしかも個性的な認識に高めていける見通しに立った学習者観を持つことが大切である。

「指導観」　教師の単元の展開方針（どのようなことを，どのようにして目的を達成させるか）を明らかにする。

　まず，授業を通して児童・生徒に，どんな考え方や見方についての認識を育て，どんな能力や技能を伸長させ，情意を養うことを意図しているか，その指導観を明確にする。

　それは，教材観や学習者観を明確にして，その上で可能になるものであり，授業を通して実現しようと意図している教育的な配慮や教育的価値を，教師の願いを含めて記述する。この場合，学習の主体である児童・生徒の立場で，難易度，学習の水準，個に応じる指導の配慮はもとより，認知，技能・能力，情意の各目標領域の中で，

どこに力点を置き，そのためにどんな方法によって学習を展開するのかを明らかにしておく必要がある[1]。

2. 指導目標（単元）の設定と教材構造の検討

指導目標の設定　単元全体についての指導は，通常10単位時間程度継続して行われる。これらの時間の授業を通して，児童・生徒に「ある完結した学習経験」を形成させることになる。そのためには，この単元全体の指導によって修得させたい指導のねらい（単元の指導目標）をあらかじめ明らかにしておく必要がある。

　単元全体の指導目標の基底要因は，「単元設定の理由」の中のうち，とりわけ「指導観」の記述に示されている。したがって，指導観の内容を目標的な記述でまとめ直したものが単元の指導目標であるといえる。その指導目標を具体的に記述するためには，単元設定の理由の中で，教師（授業設計者）の課題意識とそれに対する中心概念（教育内容）が示されるが，その中心概念を形成させることについての（指導観に源泉がある）教育的価値を次のような目標領域ごとに検討することから始めるとよい。

① 中心概念によって，どんな法則や知識を内面に形成させるのか（認知的領域）（気づく，知る，考える，理解する，など）
② どんな技能や思考力を伸ばそうとするのか（技能・能力的領域）（読みとり方，調べ方，見方，考え方，まとめ方，など）
③ どんな興味・関心を持たせ，どんな態度を育てるのか（情意的領域）
　　（興味を持つ，関心を高める，態度を養う，価値づける，など）

　以上の3領域を個別に検討すると，具体的に目標内容を把握することができる。また，そのためには，単元設定の理由の中に示されている「教育内容と教材との関連」を明らかにし，主内容を担う教材群を把握しておく必要がある。

　記述形式は，前述の目標領域ごとに項目をたてて別々に文章化す

図表4-2　社会科教材構造例（単元　武士の支配を強めた江戸幕府）

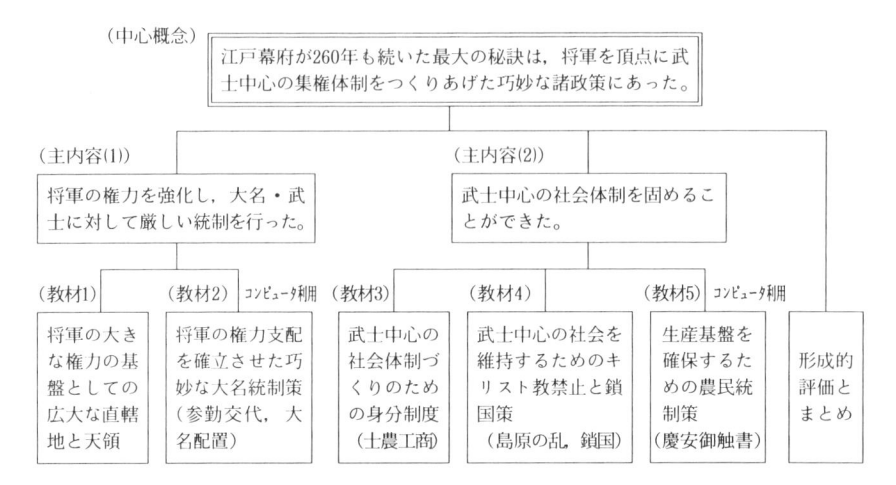

（中心概念）
江戸幕府が260年も続いた最大の秘訣は，将軍を頂点に武士中心の集権体制をつくりあげた巧妙な諸政策にあった。

（主内容(1)）
将軍の権力を強化し，大名・武士に対して厳しい統制を行った。

（主内容(2)）
武士中心の社会体制を固めることができた。

（教材1）
将軍の大きな権力の基盤としての広大な直轄地と天領

（教材2）コンピュータ利用
将軍の権力支配を確立させた巧妙な大名統制策（参勤交代，大名配置）

（教材3）
武士中心の社会体制づくりのための身分制度（士農工商）

（教材4）
武士中心の社会を維持するためのキリスト教禁止と鎖国策（島原の乱，鎖国）

（教材5）コンピュータ利用
生産基盤を確保するための農民統制策（慶安御触書）

形成的評価とまとめ

図表4-3　理科教材構造例（単元　物質の状態変化）

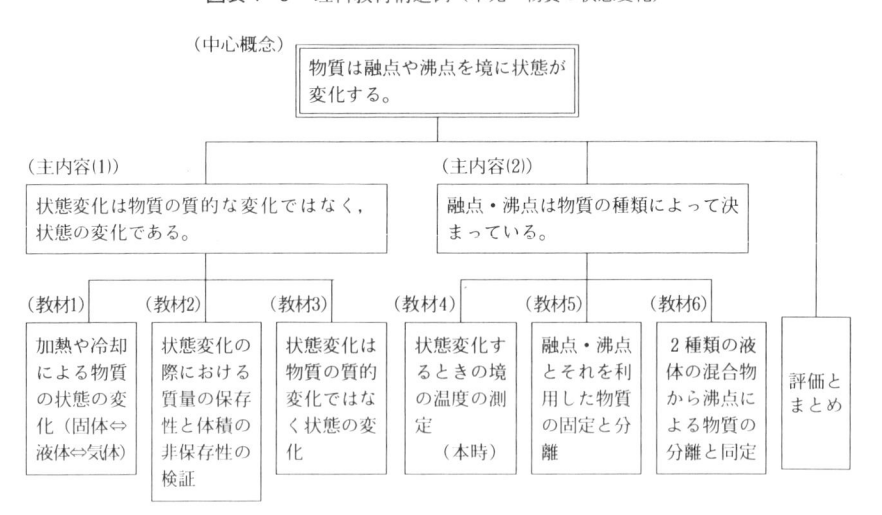

（中心概念）
物質は融点や沸点を境に状態が変化する。

（主内容(1)）
状態変化は物質の質的な変化ではなく，状態の変化である。

（主内容(2)）
融点・沸点は物質の種類によって決まっている。

（教材1）
加熱や冷却による物質の状態の変化（固体⇔液体⇔気体）

（教材2）
状態変化の際における質量の保存性と体積の非保存性の検証

（教材3）
状態変化は物質の質的変化ではなく状態の変化

（教材4）
状態変化するときの境の温度の測定（本時）

（教材5）
融点・沸点とそれを利用した物質の固定と分離

（教材6）
2種類の液体の混合物から沸点による物質の分離と同定

評価とまとめ

るか，あるいは，それらを1つにまとめておくか，どちらでもよいが，3つの領域を個々に独立させないで，有機的に関連づけて統合させておく方が単元の指導目標としては望ましい。

単元の教材構造　　1つの単元はいくつかの小単位の教材内容から成り立っている。単元を構成している小単位の教材内容間の関係（相互関係，重層関係，系列関係）を明らかにし，それを一定の方法で図化したものを教材構造という。これは単元の指導目標を達成するために必要な学習教材と，目標に対応したそれぞれの教材の位置づけを示した図であるともいえる。各教材は学習者が学習する際に直接認識の対象になるもので，授業レベルのまとまった学習経験の単位と見ることができる。

　単元の教材構造は，授業レベルでの学習者の学習経験の単位（学習者が授業で直接認識の対象にする小単位の教材内容）としてどんなものが必要なのか，それらの間にはどんな内的な関連があるか，また全体的にはどう結びつき合って単元の完結性ある学習経験を構成しているのか，さらには学習者の認識の深化とどのように関わっているかを表したものといえる。つまり，単元を構成する小単位の教材内容について，その前後・系列関係や相互関係を表すのがねらいである。

　単元の教材構造の作成にあたっては，それが単元展開を設計していく際に基礎的な資料となるように工夫することが大切である。単元の教材構造そのものは単元展開の順序を示さなくてよい。もっとも，小単位の教材内容の関連や構造がはっきり把握できれば，単元展開の順序を決定するための基礎的な資料になる。

コンピュータで学習
（神奈川県相模原市立淵野辺小学校）

3．単元の指導計画と配当時間

単位時間ごとの主題の決定　単元の指導計画を作成する際には，単元の指導目標と教材構造が基本資料となる。そして，それらの基礎には「単元設定の理由」がある。

通常授業は45分(小学校)〜50分(中学校・高等学校)を単位時間としている。したがって，授業を学習者の立場から見ると，1単位時間はあるまとまりを持った学習経験(学習する教材内容)を組織する単位である。この単位を主題という。場合によっては，複数時間の授業で学習するものを対象にして設定することもある。したがって，教材構造図は各主題間の構造を図示したものといえよう。

学習指導案には，単元全体の展開順序について，毎時間の主題名と本時の位置づけを時系列で列挙した指導計画を記載する。

原則として，1つの主題が1時間の授業に相当する場合には，各時間の主題名を命名して，それを「第○時」の主題と呼ぶが，1つの主題の学習に複数時間を配当する場合には，「次」を用いる場合もある。

例えば，単元を各主題に細分する前の段階で中区分し，単元を大まかに分けることが望ましいと判断した場合には，「次」を設けてもよい。しかしこの場合でも，「次」の中身である「時」の主題を明記しておく必要がある。というのは，一般に授業は主題名として明らかにされている命題を学習単位として，1単位時間ごとに展開されるからである。

変化のある学習展開　各主題が決定すると，各主題の展開の型を検討する。ここでいう型は，学習者が教材に取り組んでいく段階や順序のタイプのことである。そのタイプは，演繹型と帰納型の2つの典型に大別できる。

演繹型の展開は，授業の最初の段階で原理や原則を明らかにした

り，その基本的な捉え方や考え方を明確にしておいて，次に順を追って，それらの原理や法則を手がかりに，新しい事象や事実について，内在する系統や原則を1つずつ検討を重ねていき，それを通して事象や事実の意味づけをしながら命題解決の方向に発展させていく方法である。系統的な学習展開は一般にこの型に属する。

　帰納型の展開は，最初に具体的な事象や事実から推理をさせ仮説を立てさせる。続いてその検証を行いながら個々の事象や事実に潜んでいる法則や関係を見出させ，そして最初に立てた仮説を実証しながら一般化していく方法である。問題解決的な学習や探究学習は，典型的な帰納型の学習展開と見てよい。

　一方，人間がものごとを習得していく過程（順序）には，帰納的思考タイプと演繹的思考タイプという異なる思考タイプが認められており，一般に人間はいずれかの思考方法を得意としている。

　帰納型の学習展開で授業をすると，帰納的思考タイプの学習者にとっては学びやすく楽しいが，演繹的思考タイプの学習者にとっては学びにくく苦痛を伴う授業として受け取る。反対に，演繹型の学習展開で授業を進めると，演繹的思考タイプの学習者には歓迎されるが，帰納的思考タイプの学習者には相当な努力を要する授業として受け止められる。

　ある1つの授業展開の型がすべての学習者の思考タイプに合致することはあり得ないことである。そこで，単元全体の展開を決める際には，両方の学習展開の型を取り入れ，全体としてバランスをとることが大切である。

単元展開の順序の決定と学習活動の検討　どの主題から学習指導を始め，順次どの主題の学習を進めていくのか順序を決定する。この順序の決定には，各主題の難易度が尺度になるが，むしろ学習者の認識の深化に役立つと想定される授業設計者の仮説に基づいて決定されることになろう。それを授業実践を通して検証し修正してい

実験で確認してみる
（神奈川県相模原市立淵野辺小学校）

視聴覚教材を生かした授業
（青森県八戸市立小中野小学校）

くことになる。

　この決定に際し，1つには学びやすさの個人差を踏まえて単元計画を立てることが大切である。学習活動には，教師からの説明を聞いたり，問答や話し合いによる学習，あるいは討議法・ディベートのように言語活動を中心にした学習展開がある。これに対してドリル，観察，実験，実習，見学，ロールプレーイングのような学習者の動作中心の学習展開をする授業もある。

　毎時間の学習展開が言語中心の学習活動になると，「ことば中心」の単調な授業になってしまう危険性があり，一方，動作中心の学習活動の連続では学習者の負担が大きくなってしまう。動作中心の活動もしくは言語中心の活動のいずれかの様式が連続する展開は避けることが望ましい。毎時間同じ様式の授業が連続して展開されると学習者にとって変化の乏しい，学習意欲を減退させるような授業になってしまう危険性がある。

　学習者の中には，言語活動が得意のものと，動作活動が得意なものがいるので，個人差を踏まえてどちらかに偏らないように，主題の展開順序を決定することが大切である。

学習教材の型　　もう1つは，学習教材についても個人差を踏まえて選択し，変化のある単元展開ができるように工夫することが大切

である。学習者が直接認識の対象として受け取る教材のタイプを学習教材型と呼ぶことにする。一般に，文字型，視聴覚型，模型・実物型などに分けられる。(テキスト型，ビジュアル型，マルチメディア型と言うこともある。)

どの学習教材の型を選択するかは，学習内容に左右されることになるが，学習者の特性によっても異なることを配慮し，単元全体の見通しを立てて，いずれかの型に偏在しないように工夫する必要がある。

同一内容の教材でも，その取り扱い方や加工の仕方によって文字型教材(文書)にもなるし，視聴覚教材にもなる。あるいは，模型として提示することもできる。

学習者には，教材の型による学習に対する得手・不得手があるので，いずれかに偏ったり，同一の型の連続にならないような変化のある単元展開への配慮が必要である。

社会科学習指導案例（その１）

小学校社会科学習指導案

Ⅰ. 単元名 「武士の支配を強めた江戸幕府」

Ⅱ. 単元設定の理由

本単元は，徳川家康による江戸幕府の創設と将軍を頂点にした武士中心の社会体制を固めていった経緯を，一つのまとまった学習体験の単位として設定したものである。

学習の主眼とするところは，260年も武士中心の封建的支配体制を維持した江戸幕府の諸施策であるが，それを幕藩体制の確立過程と結びつけてとらえさせることにある。したがって，できるだけ具体的な事実や事象あるいは人物とその治績を取り上げて，歴史的な捉え方の基礎を育成するようにしたい。

(1) 児童はこれまでに，第３学年の郷土のうつり変わりや，第４学年での先人の地域開発・保全などの学習を通して時間的な認識についての学習経験を持っている。

また，第６学年では，「戦乱の世と天下統一」（前単元）の学習の中で，歴史における人物の働きや歴史的事象の変遷の様相について考察しており，歴史的な認識を深めてきている。

本単元は，天下統一への道と深く結びついており，以上のような歴史的認識を基底にし，その発展として学習するのに適した内容である。

(2) つまり，この単元で学習する中心的内容は，信長・秀吉の専制君主の政治を受け継いだ家康が江戸幕府を開き，さらにそれを継承した将軍が強力な権力のもとに民衆を支配して後期封建社会と呼ばれる幕藩体制

を完成させた経緯についてである。

　関ヶ原の戦いで勝った家康が広大な直轄地を領有し財政的基盤を確保し、また家光のときに確立したといわれる参勤交代など巧妙な大名統制で全国の諸侯を掌握した。さらには封建社会の考え方と相容れないキリスト教禁止の強行策をとったり、封建的な身分制度を徹底させ、農民を厳しく取り締まるなど、その支配体制を強化するための多くの政策が打ち出された。

　以上のような諸施策が変革期を経て幕藩体制へと移行していく強力な推進力となったが、こうした諸施策とそれによる社会のしくみの変化や人々の生活が、ここでの主な学習の対象となる。

(3) この単元の学習の特色として、江戸期における人物やその治績あるいは事件や争いなどをテーマにした児童向き図書やドラマなど数多くの出版物や放送が行われ、児童自身が断片的ではあるが、歴史上の人物の生い立ちや業績、事件の内容等についての知識を持っていることである。

　ただ、その知識についての個人差があると同時に内容が興味本位の恰好よさであったりして、誇張されている場合が多い。例えば、戦いの武勇伝であったり、大名行列の面白さや平戸のオランダ屋敷であったりして、それが封建社会の確立とどう結びついているかについての認識は希薄である。むしろ結びついていない場合が多い。

　そこで、これらの知識や興味を大切にして、それに訴えながらも、それらの事象や事件のもつ意味を、被支配者の生活と対比しながら、かつ支配者の意図を背景にしてとらえさせるようにしたい。

(4) このため、指導にあたっては歴史的な資料をできるだけ準備し、児童に理解できるように絵図、絵地図や文書等をメディア教材にして使用させたい。そして児童自身が当時の人々（支配者・被支配者を含めて）の考え方の立場に立って理解できるような工夫をしてみたい。つまり共感的な理解がもてるようにしたい。

　その一つの方法として、マルチメディア教材（CD-ROM）による学習を2時間程度取り入れることにした。

　児童一人一人が歴史資料とじっくり対面して、それを自分なりに読みとり、自分を歴史上の人物や場面に置き換えてみる学習は、量的（進度）にも質的（読みとり方）にも個人差が大きいので個別学習が最適である。また、共感的に支配者の意図や被支配者の生活感情を理解させる個別学習が必要と考えて教材2と教材5（Ⅳ．単元主内容と教材との関連を参照）をコンピュータを利用したマルチメディア教材（CD-ROM）で学習を行うことにした。

Ⅲ．単元の指導目標

　江戸幕府が将軍中心の武家社会を作り上げた過程を歴史資料等の活用によって明らかにし、それを幕府の諸政策のねらいと結びつけて考えさせるとともに、政策の巧妙さに関心を持たせる。

Ⅳ．教材構造（略　110頁参照）

Ⅴ．単元の指導計画
第1時　家康と江戸幕府の成立
第2時　大名統制と参勤交代………コンピュータ利用
第3時　きびしい身分制度
第4時　農民の取り締まり
第5時　キリスト教の禁止と鎖国…コンピュータ利用
第6時　評価とまとめ

中学校理科（第1分野）学習指導案

I 単元名 「物質の状態変化」　7時間

II 単元設定の事由
(教材観)
(1) 本単元は，物質観を育成するいとぐちとなる物質の性質とその変化の初歩的な内容を一つのまとまった学習の単位として設定したものである。学習のねらいは，物質の状態変化についての理解であるが，その際，物質に直接触れることを通して，身近な物質やその状態変化に対する興味・関心を高め，物質の性質や変化の調べ方の基礎を身につけさせるとともに，「状態変化」を物質の特性に関連付けて捉えようとする意欲を育成することもねらいの一つである。
(2) 学習する中心概念は，物質の状態変化についての観察・実験を通して，「物質の状態変化の特徴」を理解させることであるが，その過程において，物質は融点や沸点を境に状態が変化すること，沸点を利用して物質を分離できること，また，状態変化によって物質の体積は変化するが，質量は変化しないことなどの科学的な見方・考え方の基礎を育成したい。
(3) 本単元の学習を通して身につけさせたいものは，加熱，測定，蒸留などの物質の観察・実験方法と結果の記録・表現のし方等の基礎的な技能であり，その基底要因となる身近な物質に対する興味・関心の育成である。さらに，観察・実験等の結果などを基にして，「物質の状態変化は，物質そのものの変化ではなく，状態の変化である」ということを説明できるようにしたい。

(生徒観)
(1) 生徒は，これまでに，物質の状態変化について次のような内容の学習経験をもっている。
　① 金属，水，及び空気は，温めたり冷やしたりするとそのかさが変わること。
　　　　　　　　　　　　　　　　　(小4年)
　② 水は温度によって氷や水蒸気に変わること。
　　　　　　　　　　　　　　　　　(小4年)
　③ 物質は加熱により，いろいろな変化(熱分解，燃焼，状態の変化など)を示すこと。
　　　　　　　　　　　　(前単元・中1年)
(2) また，氷を加熱するととけて水になり，さらに加熱を続けると沸騰して水蒸気になること(冷却するとその逆の変化をすること)，その際に体積が変化することは，日常生活の中で体験をしている。しかし，状態変化の際，質量は変化しないことや，水以外の物質の状態変化についての学習経験はほとんどない。また，用語にしても，質量と重さ，物質と物体の概念も未分化であるが，質量の概念については不十分ながら「力」の単元で学習している。
(3) 更に，物質を調べる際の基本的な技法であるガスバーナーによる物質の加熱，電子天秤等による質量の測定や，水以外の物質の取り扱いについては，未経験又は未熟な生徒が多い。
(4) 中学校での物質に関する学習の最初でもあり，物質に直接触れて，物質の性質を調べることについての学習意欲はかなり高いものがあるが，加熱や測定，実験結果の記録や表現の技法等は未熟であり，ある程度の指導が必要である。

（指導観）

そこで，この単元の指導は，
(1) まず，マルチメディア教材で氷の上で沸騰する物質を提示して，物質の状態変化の学習への興味・関心を高め，その後，身の回りの固体の物質，氷を加熱すると水（液体），水蒸気（気体）へと状態が変化すること，その変化するときの温度は，それぞれ0℃，100℃であることを観察させる。
(2) 水蒸気を冷却すると水になり，やがて氷に戻ることは，実験室内では観察が難しいので，マルチメディア教材で提示したい。さらに，状態変化の可逆性を含めて，身の回りの物質である鉄，食塩（塩化ナトリウム），窒素の状態変化をマルチメディア教材で提示し，学習経験範囲を拡大するとともに，学習へのいとぐちにする。
(3) 身近な物質である水とロウの状態変化の際の質量・体積を各自工夫して測定させ，質量は変化しないが体積は変化することを把握させ，状態変化は物質そのものが変化するのではなく，その物質の状態が変化するものであることに気付かせたい。その際，電子天秤による質量の測定，体積の変化の確認法を習得させる。
(4) 任意の量のエタノールやナフタレンを加熱し，物質が状態変化するときの境の温度を測定させ，その温度は物質によって決まった値であることに気付かせたい。その際，ガスバーナーでの安全な加熱，温度計の読み方・記録の仕方などの基礎的な技能を習得させる。
(5) 融点，沸点を定義し，融点や沸点を測定することにより未知の物質の種類を推定できることを，実験データや文献を調べることなどから見いださせるようにしたい。
(6) 物質の違いにより沸点が異なることを利用して，水とエタノールの混合物（2種類の液体の混合物）から，エタノール（一方の物質）が分離できることを実験を通して確かめさせると同時に，蒸留の概念とその基礎的な技能を習得させる。
(7) 物質の実際的な取り扱いを通して，物質を安全に取り扱う基礎的な技能を習得すると同時に，他の物質の状態変化も実験しようとする物質への興味・関心を高めるようにし，さらに，この学習の成果を，2年の化学変化（物質の質的な変化）の学習へ発展できるように学習活動を展開したい。

Ⅲ　単元の指導目標

　身の回りの物質の状態変化について観察・実験などを通して調べ，物質の状態変化の特徴（沸点や融点を境に状態が変化すること，状態変化によって物質の体積は変化するが質量は変化しないこと）を明らかにするとともに，それを物質の特性と結びつけて考えさせ，物質の同定や分離に関心をもたせるとともに，その基礎的な技能を身につけさせる。

Ⅳ　教材構造（略　110頁参照）

Ⅴ　単元の指導計画　　　　　　　［7時間］
第1時　状態が変化する物質
第2時　物質の状態変化と体積・質量
　　　　実験1　状態変化と物質の体積・質量の変化
第3時　状態変化と物質
第4時　物質の状態変化と温度
　　　　実験2　エタノールが沸騰するときの温度（本時）
第5時　融点・沸点とその利用（同定・分離）
第6時　沸点の違いによる液体の物質の分離
　　　　実験3　液体の混合物の蒸留
第7時　学習内容の整理と評価

第2節　本時の目標設定から授業プロセスの設定

1．主題の設定と指導意図の明白化

単元と主題　単元全体の指導計画がまとまると，次に，それを基盤にして，ある1時間の主題の展開をどのように進めるかという「単位時間」の授業の設計にはいる。

　単元は学習のあるまとまりで，学習者にとって「完結性のある学習経験」の単位を言うが，これに対して「主題」は単元全体の学習内容を細分化し，学習者が「単位時間」の授業で学習していく小単位の教材内容のまとまり，つまり，「連続性のある学習経験」を単位としている。したがって，1単位時間ごとの授業で，どんな「まとまり」をもった内容を指導し学習させていくか，その小単位の内容にふさわしい名称(「主題名」)を付けることが大切である。

　なお，「主題」は原則として，1単位時間の授業の名称であるが，作業学習のような場合には，2～3時間を対象にして主題を設定することもある。

目標の役割　授業の目標は，授業の方向やねらいを決定する(授業展開の示唆)，授業結果を評価するよりどころになる(評価規準)という2つの大きな役割をもっている。それらの役割を十分に発揮させるにはまず，目標を明確化(共通の解釈が可能)し，多面化(伸ばしたい諸能力を包含)することであり，目標の妥当性(教科・領域等の教育目標としての必要性と可能性)を検討することである。

　したがって，本時の主題の指導目標は，学習者にどんな「教材(内容)」によって，どのような「学習経験(方法)」をさせ，どのような「教育的価値(能力・程度)」の実現を期待しているのか，その指導意図を明確にしたものでなければならない。それによって，ど

のような認識の形成をねらっている授業であるかが明らかになるからである。別の言い方をすれば，授業者(設計者を含む)が「私は，こんな授業の展開によって，学習者に，こんな認識を育てたいのだ」という強烈な指導意図を明確に表明したのが本時の指導目標であり，授業レベルの目標であるという意識を持つことが重要である。

主題の指導意図の基底要因が「単元設定の理由」にあることを確認し，その要因から導き出された「単元の指導目標」→「単元の教材構造」→「本時の指導目標」へと整合的に導き出されることを念頭において目標を設定していくことが大切である。

指導目標の記述の仕方　教育目標には，知識・理解のような認知的領域と，技能・能力的領域や情意的領域が考えられているわけで，本時の指導目標にも，認知的領域だけでなく，技能・能力的領域や情意的領域を当然含まなければならない。

指導目標は授業のねらいを教材を通して，学習者にどのようにはたらきかけていくのかという教師の「指導意図(方向性・内面性)」や「願い」を，教師の立場に立って明らかにしたものである。どんな教材(内容)について，どのようにして(方法)，どのくらい(程度)，どんな諸(領域の)能力を伸ばすのか，3領域を包含させて，明確にしていく必要がある。

3領域というのは，言うまでもなく，①認知的領域，②技能・能力的領域，③情意的領域である。

①認知的領域というのは，法則や概念・知識，あるいは思考など事象や事実を知り，それを自己同化していく精神作用の総称で，事象や事実の内部関係やその状態の洞察や把握を含む概念である。

例えば，「覚える」「捉える」「知る」「理解する」「把握する」「知識を身に付ける」「考える(思考する)」「判断する」「発見する」などである。

②技能・能力的領域は，操作や身体的行動などの運動的な技能あ

るいは技術の習得や,見方・考え方のような思考操作を伴った精神的作用(能力)など広範な領域を含有する概念である。

例えば,「調べる(調べ方)」「観察する(観察のしかた)」「作成する(作成のしかた)」「表現する(表現のしかた)」「活用する(活用のしかた)」「実験する(実験のしかた)」「技術を身に付ける」「計算する(計算のしかた)」「測定する(測定のしかた)」などが挙げられる。

③情意的領域は,ある事象や事実への関心を示すような精神作用から,進んでものの価値を内面化しようとする積極的な行動力をも含んだ精神作用や領域をいう。例えば,「興味を持つ」「関心を高める」「態度を養う」「意欲を持つ」「〜への価値観を持つ」「〜の心情になる」などである。

2.学習目標(目標行動)の明確化

指導目標と学習目標　　指導目標は,授業を通して学習者の内面に形成してほしい教育内容を目標の形で記述したものである。設定した指導目標のもとで,その教育的価値の実現を図って授業を実施したとすると,実際に学習者の内部で生じると予測される変容を目標の形にしたのが「学習目標」である。

学習目標は学習主体である児童・生徒の立場からみた目標であり,どんな能力・技能を習得し,どんな情意を形成すればよいかを表した達成目標ないしは到達目標である。

その際に,学習者がその目標に到達したか否かに関して,意見の不一致が起こらないように設定された目標を「目標行動」terminal behavior と呼んでいる[2]。学習目標(達成目標や目標行動)は,単位時間の授業によって学習者が到達すると期待されることを学習者の側から明らかにした目標である。

授業は教師の立場から捉えると,学習者に,ある教育的価値を獲得させていく過程であるが,学習者にとっては教材の持つ教育的価値を自己同化して,自己の認識や行動の形成に役立て,自己変容を

自認していく過程である。前者の捉え方が「指導目標」であり，後者が「学習目標」である。「目標行動」(terminal behavior)は後者の立場から，学習者の外面に表れる行動でもって到達状況を明らかにしようとする目標である。「目標行動」が目標を行動化して表すことから，「行動目標」(behavioral objective の訳語)という用語も用いられているが同義と考えてよい。

　このように，指導目標は教師の立場で，学習者に形成させようとしている対象が「内面」(covert)の変容にあるのに対して，目標行動は学習者にどのような「外面」(overt)的な行動ができるようになるのか，その期待されている到達点に重点がおかれている。なお，到達水準の中に，関心・意欲・態度等の情意的な領域の covert な変容も含めて表現することもある。その場合は「達成目標」と呼んでいる。

　指導目標が「(豊かに)わかる」授業にしていくための目標を明らかにしているのに対して，目標行動や達成目標は「(確かに)できる」授業にしていくための目標を表しているとみてよかろう。

　指導目標と目標行動は，豊かで確かな授業を創造していくための車の両輪のようなもので，両者の目標が内蔵している機能が調和されて発揮された時にこそ，生き生きとした，しかも成就感のある授業が実現できると考えられる。両者の歯車がかみ合ったときに，授業が教師・学習者の共有する確かな営みとしての「生きもの」になるのではなかろうか。

| 指 導 目 標 | 方　向　性 | 内　面　的 | 教師の立場 |
| 目 標 行 動 | 到　達　性 | 外　面　的 | 学習者の立場 |

目標行動の設定方法　　学習目標としての目標行動は，ある一定の学習を積み重ねていって，最終的に目標に到達した時にできるようになると期待される行動(到達性・外面性)である。

　目標行動は，外部から観察できる「行動のことば」で表現するため，具体的で限定的である。その到達状況が外部から観察でき，人によっ

て違った解釈があまり生じない記述になっている。したがってそのまま評価規準になる。

　目標行動の記述の際に配慮すべきことは，学習者の立場で記述することであるが，その際に次の４つの条件を具備するよう工夫して記述する必要がある[3]。

① 「何を」（対象・内容）
　　……到達させたいと意図している対象や内容を具体的に明示する。
② 「何で」または「どのように」（方法・手段）
　　……到達させるための方法や手段を挙げる。
③ 「どの程度」（到達水準）
　　……到達した時の水準をはっきりと示す。
④ 「何ができる」（行動の次元）
　　……外面に現れた（観察・測定可能な）行動の変容で表す。

　なお，ややもすると，「行動のことば」で表現しやすい認知的領

「行動のことば」の記述例
（その状況が外部から観察でき，第三者にも判断でき，人によって違った解釈が少ない表現。）
　～がいえる。～を説明する。～の理由を述べる。～を指摘する。
　～をする。～の計算をする。～を作る。～を書く。～を描く。
　～を操作する。～を解く。～のデータを集める。～を測定する。
　～を区別する。～を分類する。～を比較する。～を図示する。
　～を予測する。～を証明する。～の条件を選び出す。
　～を見つける。～の表を完成する。等。

（幅広い解釈ができるので，目標行動に使用しないほうがよい言葉）
　～を知る。～を理解する。～を把握する。～を身に付ける。
　～を考える。～を考察する。～の考えを深める。～に着目する。
　～を検討する。～を育てる。～に関心をもつ。～の自覚を深める。
　～をつかむ。～を養う。～を鑑賞する。等。

域の目標に限定される傾向が強いが,技能・能力的領域はもちろんのこと情意的領域についても配慮すべきである。

3. 学習目標(目標行動)の分析とメディアの検討

学習目標(目標行動)の分析のねらい　　学習目標(目標行動)を決定したら,それをどのようにして学習者に形成させるかを検討する必要がある。一般に学習目標(目標行動)は多様な要素を含んでいる。したがって,次にその形成のために必要かつ十分と考えられる基礎的な行動(下位目標行動)や学習要素(基礎となる学習項目)等,どんな行動(要素)の積み重ねが必要であるか,その基礎となる行動(学習)を明らかにしなければならない。

　目標行動を設定した場合には一定の手続きに従って目標行動を分析するので,どんな行動(要素)を積み重ねていけばよいかが明らかになる。

　目標行動の分析によって目標形成のために必要と考えられる基礎的な行動や,適切な教示が与えられることによって,より上位の行動が形成されると考えられる単位行動を析出し,下位目標行動を明らかにするのである。

　ここでは,どんな下位目標行動が基礎になっているのか(形成関係や相互関係)を明らかにするのがねらいであって,下位目標行動の序列(学習の順序)を明らかにすることではない。学習過程の道筋を決めるために,まず,どのような単位行動(下位目標行動)や学習要素等が必要なのかを求めておこうというわけである。

　目標行動の分析によって下位目標行動や学習要素等を求めて行く手続きは,教材研究の一種で,従来行われてきた教材分析と類似しており,また教材分析の成果を利用している側面もあるが,次のような点で異なっている。

　教材分析は,指導しようとする教材を学習者にどう教えていくかという教師側からの教材研究が基本になっている。一方,目標行動

の分析は，学習者が教材を通して学習したときに学習者の行動がどのように変わるかという立場を基本にしている。目標行動の分析は，到達点(目標行動)を最初に明らかにしておいてそれに至るまでの間には，どんな行動(下位目標行動)が必要かを検討する手続きである。

目標行動の分析法　目標行動を分析するにはどんな方法や手続きが用いられているかについて，紹介しておこう。「行動分析(Behavior Analysis)」(矢口新)をはじめ，ガニエ(R.M.Gagné)の「課題分析(Task Analysis)」[4]を参考にした「論理分析(Logical Analysis of Instruction Objectives)」[5](沼野一男)や，教材研究の手法を生かした「資料分析」(古藤泰弘)など種々の方法が提唱されている。

　いずれの方法にも長所や短所があり，教科や領域によって分析法を選択して活用することが望ましい。学校現場で活用されている分析方法として，図表4-4のような3つの方法を一覧表にしておく[6]。

図表4-4　目標行動の主な分析法

	資料分析	論理分析	行動分析
手続き	目標行動を構成するすべての学習項目を抽出する 学習項目を検討して取捨選択し，学習要素に整理する 学習要素の関連図をつくる	目標行動について，そのすべての場合を列挙する 下位目標行動を論理的に求めていき，相互関係図をつくる 下位目標行動の形成関係図をつくる	熟練者の表現行動を観察し記録する 意味分析により要素行動を抽出して整理する 要素行動の構造図をつくる
考え方	教科書や専門書などを資料として，指導内容から学習項目を抽出し，それを目標行動を中心に行動の次元でまとめる	目標行動を，その内容の論理性に注意し，「これができるようになるためには，これができなければならない」というようにして，行動を求めていく	熟達しているベテランの行動様式を身につけることをねらって，熟達者の外敵な行動を明らかにする
用語	学習要素(ただし行動のことを表すので下位目標行動と呼んでよい) 相互関連図または構造図	下位目標行動 形成関係図	要素行動(しかし，一般には下位目標行動と呼んでよい) 構造図
適用	国語・社会・英語 音楽・美術 理科(生物・地学)	数学・算数 理科(化学・物理)	体育・工業 技術・家庭 理科(実験)

下位目標行動の形成関係図と学習要素の相互関連図　　目標行動（Ⓖ）の形成に必要かつ十分と考えられる下位目標行動または学習要素等が析出できたら形成関係図や相互関連図等を作成する。

　形成関係図というのは下位目標行動が形成されていく諸段階を考え，それを目標行動を頂点(終点)として捉えてみた場合に，各下位目標行動がどのような位置づけでもって相互に関連し合って結びついているかを矢印で示した図である。また，相互関連図は各学習要素がどのような位置づけで相互に関連し合って結びついているかを，やはり矢印で表した図である。

　なお，前にも述べたが，形成関係図や相互関連図等は，基礎になっている下位目標行動や学習要素の形成関係や相互関係を明らかにしたものであって，学習展開の順序を表したものではないことに留意しておく必要がある。

社会科学習指導案例（その２）

小学校社会科学習指導案

Ⅵ. 本時の学習指導
(1) 主題　「農民の取り締まり」
(2) 指導目標
　江戸幕府が農民を厳しく取り締まった理由を，慶安御触書や五人組などを通してとらえさせるとともに，幕府が農民の暮らしにまで細かく規制を加えたことに関心をもたせる。
(3) 学習目標(目標行動Ⓖ)
　江戸幕府の農民の取り締まりのねらいが年貢の確保にあったことを，慶安御触書の細かいきまりや五人組の共同責任の仕組みと結びつけて説明できる。
(4) 下位目標行動
　ᴷ① 江戸幕府は，1603年徳川家康によって始められた武士による政治であったといえる。
　ᴷ② 江戸時代は，「士農工商」の世の中であったといえる。
　③ 江戸時代は，農民は武士に次ぐ身分とされていたといえる。
　④ 幕府は農民に対して「慶安御触書」を出したことが指摘できる。
　⑤ 「御触書」とは，幕府が農民に出した命令(法)であるといえる。
　ᴷ⑥ 秀吉が農民に出した命令として「刀狩令」があげられる。
　⑦ 慶安御触書には，百姓は「朝早く起きて草を刈り，昼は田畑を耕し，夜も仕事をせよ」(5条)と書かれていると指摘できる。
　⑧ 慶安御触書には，百姓は「酒や茶を買っ

て飲んではならない」(6条)と書かれていると指摘できる。
⑨　慶安御触書には，百姓は「便所を広くして肥料をつくれ」(10条)と書かれていると指摘できる。
⑩　慶安御触書には，百姓は「麦やひえ，大根などを食べて，米を食べないようにせよ」(11条)と書かれていると指摘できる。
⑪　慶安御触書には，百姓は「麻や木綿以外の衣類を着てはいけない」(16条)と書かれていると指摘できる。
⑫　慶安御触書には，百姓は「たばこを吸ってはならない。病気になるし，火の用心にも悪い」と書かれていると指摘できる。
⑬　慶安御触書のあとがきには，「百姓は以上のことをよく守って働け。年貢を納めれば百姓は気楽である」と述べていることが指摘できる。
⑭　幕府は慶安御触書で，農民の食べ物や飲み物まで細かいきまりをつくったといえる。
⑮　幕府は慶安御触書で，農民の着るものまで細かいきまりをつくったといえる。
⑯　幕府は慶安御触書で，農民の住まいや健康のことまで細かいきまりをつくったといえる。
⑰　幕府は慶安御触書で，農民の仕事の仕方まで細かいきまりをつくったといえる。
⑱　幕府は，農民の衣・食のすべてにわたって，細かく種類まであげて規制したと説明できる。
⑲　幕府は，農民の毎日の仕事のやり方や，生活態度についてまで，きびしく規制したと説明できる。
⑳　慶安御触書のあとがきは，この命令を守らせようとする幕府の強い意思の表れ

であると推論できる。
㉑　幕府が，農民の仕事のやり方や，肥料の作り方まで規制したのは，農業生産(米)の収穫を増すためであったと説明できる。
R㉒　幕府の財政の基礎は，農民から取り立てる年貢であったといえる。
㉓　幕府が農民の日常生活のすべてを細かく取り締まったのは，年貢米の取り立てを確保するためであったと推論できる。
㉔　幕府は，村々の農民に対して「五人組」と呼ぶ組織をつくらせたと指摘できる。
㉕　「五人組」とは，農家5～6軒を一組にした共同組織のことであるといえる。
㉖　「五人組」の中に年貢米の未納者がでると共同して責任をとらせられたといえる。
㉗　「五人組」の中に農業を放棄して逃亡する者がでると共同して責任をとらせられたといえる。
㉘　「五人組」は，互いに違反者がでないように監視し合うための組織であったと説明できる。
㉙　「五人組」のしくみは，幕府が年貢米の取り立てを確保するためにつくった組織であると，そのねらいが説明できる。

(5) 下位目標行動の関連図

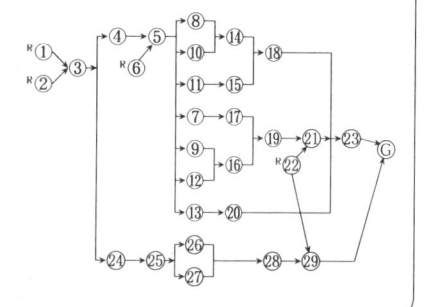

中学校理科(第1分野)学習指導案

Ⅵ. 本時の学習指導
(1) 主題
「物質が状態変化するときの温度」

(2) 指導目標
　　加熱により物質が状態変化するときの温度を調べる実験を通して、そのときの温度(融点、沸点)は物質の量に関係なく、物質の種類によって決まっていることに気付かせ、実験方法を工夫して、身の回りの物質が状態変化するときの温度を調べようとする課題解決の意欲と態度を養う。

(3) 学習目標(目標行動Ⓖ)
　　身近な物質が状態変化するときの温度を調べる実験を通して、「物質が状態変化するときの温度(融点、沸点)は、物質の量に関係なく、物質の種類によって決まっている」という仮説が設定できるとともに、仮説を種々の物質で検証しようとする追求意欲をもつ。

(4) 下位目標行動
① 融点・沸点は、物質の量に関係なく、物質の種類によって決まっているという仮説を設定できる。
② 液体が固体になるときの変化の様子を推測できる。
③ 気体が液体になるときの変化の様子を推測できる。
④ エタノールの沸点は78℃であるといえる。
⑤ ナフタレンの融点は81℃であるといえる。
ᴿ⑥ 液体が沸騰して気体になるときの温度を沸点と定義できる。
ᴿ⑦ 固体がとけて液体となるときの温度を融点と定義できる。
⑧ エタノールが沸騰して気体になるときの温度は、その量に関係なく、約78℃であることを説明できる。
⑨ ナフタレンがとけて液体になるときの温度は、その量に関係なく、約81℃であると説明できる。
⑩ 状態変化をしている物質の温度は一定であることが指摘できる。
⑪ 実験結果や加熱時間と温度との関係を示すグラフから液体が沸騰している間は、温度が変わらないことを指摘できる。
⑫ 実験結果や加熱時間と温度との関係を示すグラフから、固体がとけている間は、温度が変わらないことを指摘できる。
ᴿ⑬ 水を加熱すると100℃で沸騰するといえる。
ᴿ⑭ 氷を加熱すると0℃でとけるといえる。
ᴿ⑮ 温度計で液体の温度を、最小目盛りの1/10まで測定できる。
⑯ 固体の温度を、周囲の液体の温度で測定できる。
⑰ エタノール(液体)が沸騰する温度を測定できる。
⑱ ナフタレン(固体)がとける温度を、毛管法で測定できる。
⑲ エタノールを水浴法で加熱できる。
ᴿ⑳ エタノールを水浴法で加熱する理由を説明できる。
ᴿ㉑ 液体に沸騰石を入れて加熱する理由を説明できる。

㉒ 沸騰と蒸発の違いを説明できる。
㉓ 固体を熱すると，とけて液体になることを例を挙げて説明できる。
㉔ 液体を熱すると，沸騰して気体になることを例を挙げて説明できる。
㉕ 気体を冷やすと，液体になることを例を挙げて説明できる。
㉖ 液体を冷やすと固体になることを例を挙げて説明できる。
㉗ 物質の状態が変化する例を説明できる。

(5) 下位目標行動の形成関係図

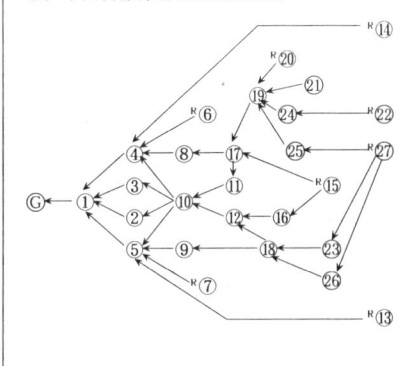

(6) マルチメディア教材を利用する意図

観察・実験において，生徒が直接体験できなかったり，教師の演示実験でも提示できない事象が多い。例えば，酸素の液化・固化，鉄の融解・気化など，実際には体験ができない情報を提示し，生徒の観察・実験への興味・関心を高めるためにマルチメディアLD教材を使用する。そして，身の回りにあるほとんどの物質は，特定の温度になると状態変化をすることを提示したい。

さらに，コンピュータ温度自動計測装置で，ランダムアクセス機能を生かして生徒の意向に対応しながら臨場感(真実性)のある情報環境を設定して提示すると，生徒の探究意欲は向上し，課題(学習目標)の把握は勿論のこと，仮説の設定，課題解決(検証)の計画も容易にできるようになる。

(7) 準備

LD，LDプレーヤ，コンピュータ，プロジェクタ，TVカメラ，OHP

測定器具(温度センサー)，実験用具(エタノール，沸騰石，ビーカー(200cm³)，試験管，加熱用具，金網，スタンド，温度計)，実験ワークシート，データブック

メディア活用の意図　　目標行動を構成する学習要素，あるいは目標行動の形成に必要な下位目標行動を析出した段階で，どのような教材(メディアを含めて)を使用するか，もしくは使用できるかを検討しておくとよい。

教育メディアは基本的には教師の活動(教授活動)や学習者の活動(学習活動)を増幅(amplify)させる媒体である。したがって教育メディアには広義には黒板や挙手などを包含するが，ここでは下記のようなメディアに絞って考えることにする。

> 1．地図・掛図，模型，掲示板
> 2．反応表示器，(反応集計装置)
> 3．スライド映写機，OHP，教材提示装置，プロジェクタ，
>   16ミリ映写機，テレビ受像機 (CRT)，LDプレーヤ，VTR，
>   テープレコーダ，CDプレーヤ，DVDプレーヤ
> 4．コンピュータ，インターネット等の情報通信手段
> 5．スライド，16ミリフィルム，録音テープ，ビデオテープ，CD，
>   LD，コンピュータ用ソフトウェア (フロッピー，CD-ROM 等)

　これらの教育メディアをどのような教育的意図で利用するかを明らかにし，それを学習指導案に明記しておくことになる。

　例えば，学習者主体の学習活動を促進するためとか，個別学習の展開に利用するとか，あるいは調べ学習に活用して情報活用能力の育成に役立てる場合も考えられる。また，教師が効果的な教材提示をし，学習者に問題把握や問題提起を行うためにTV(VTR)，OHPやコンピュータを使用する場合も考えられる。

　とりわけコンピュータを活用する場合には，情報の収集，処理，表現など問題解決的な学習展開を図ることによって，いわゆる「情報活用能力(情報活用の実践力)」を育成するのか，それとも教科学習の中に情報教育の内容(情報の科学的理解など)を取り込んで両者の統合を図るのかを明確にしておくことが大切である。

第3節　授業プロセスのデザインと書式化

1．指導と評価の系列表[7]

学習過程の検討　　授業のプロセスの決定にあたっては大きく分けて3つの方法がある。

　1つは，目標行動の分析によって析出した下位目標行動の関係図

（形成関係図や相互関連図）をもとに，その形成（相互）関係に着目して授業のプロセスを設定していく方法である。この場合は「分析と総合」の手法を用いて，既知から未知へ，基本から応用へ，易から難へ，単純から複雑へ，具体から抽象へなどの原則に従って，学習過程を設定することになる。「内容知」を重視した学習過程づくりの場合に有効な方法である。

　2つには，授業の展開過程の段階を学習過程に関する授業論に求める。探究学習における「問題の把握→仮説の設定，検証計画→検証過程→結論の吟味」のような4段階を前提にしたり，発見学習における「つかむ→予測する→つきつめる・まとめる→適用する」のような段階でもって学習過程を設定する。

　こうして設定した学習過程の諸段階に沿って加工した教材を配置していく手続きをとることになる。この手続きは「方法知」を重視した学習過程づくりに有効である。

　3つめは，「体験知」を重視した授業づくりである。この場合の学習過程は学習者の自由な活動をどの程度認めるかによって差異はあるが，大きくは「課題をつかむ（導入）→調べる・整理する（展開）→発表する（まとめる）」の3段階で構成される。この手続きで学習過程を設定する場合には，あらかじめ具体的な下位目標行動や学習要素を設定するのは不可能な場合が多く，予想される学習者の学習行動や大まかな学習項目の摘出程度に留まることになる。

　以下では，主に「内容知」を重視した場合の展開過程を中心に，授業プロセスをどのように設定し，デザインしていくかについて検討していくことにする。

分析から総合へ　　分析された下位目標行動を目標行動の形成に向けて組織化し，「授業展開」を図化表現する「総合」化の段階である。

　従来のように，授業の過程を1人の教師の勘や経験に依存させて，

あるいは教科書会社発行の全国向き汎用「教師用指導書」をそのまま流用して決定するのではなく，ある程度科学的な手続きである「分析と総合」の方法に依拠して指導過程を構築していくことが肝要である。

その手順は，①下位目標行動の関係図を基にした下位目標行動（学習要素）のグルーピング，②指導と評価の「系列表」の作成，③指導過程の「振り付け表」の作成順序で行う。この作成手順を経て④指導過程（本時の展開）の図化表現をすることになる。

学習（指導）過程での「節目」の決定　授業の指導・学習過程は，最終的には時系列で表すことになるが，そのためには，まず，授業の「節目」を明らかにしておく必要がある。というのは，「節目」を授業の山場にすると時系列化しやすくなるからである。

「節目」というのは，学習過程で，ある教材の小内容の学習から次の小内容の学習へと発展する「転回場面」といってもよい授業の核をなす局面のことである。

そこでは，学習者にいくつかの事象・事実についての学習の中から推論させたり，対立意見を克服させ法則化などの認識を深化させたり，あるいは思考の方向を発見させたりする場面であるところから「山場」とも呼ばれる。節目は，1単位時間（45〜50分）の授業では3〜4回が適切であるといわれている。

この授業の「節目」を，教師個人の勘や経験による恣意で決定するのではなく，作成した「形成関係図」や「相互関係図」を基にして合目的的に見出すには，形成・相互関係図の中で，複数の下位目標行動が集まってきている統合性（応用性）の強い下位目標行動や，目標行動との関連の強さに着目して決定することになる。

下位目標行動のグルーピング　「節目」を決定したら，次は導入段階（授業の最初）と終末（授業のまとめ）で展開する下位目標行動を

決定する。

　導入段階で取り扱う下位目標行動は，Rがついているもの（それより下位に下位目標行動がないもの→前提行動ともいう）を中心にグループ化するが，その全部を導入段階で扱う必要はない。本時の授業の全体に関わる（基礎になる）下位目標行動に限定するとよい。

　終末段階では，一般には⑥（目標行動）であるが，⑥に近い下位目標行動を含めてグループ化して扱ってもよい。

　こうして残った下位目標行動は，「節目」にあたる下位目標行動を核として，その形成に必要と考えられる下位目標行動群で1つの小グループをつくる。この際のグループ化は複数考えられるが，どれが決定的であるというものではない。

図表4-5　下位目標行動のグルーピング例

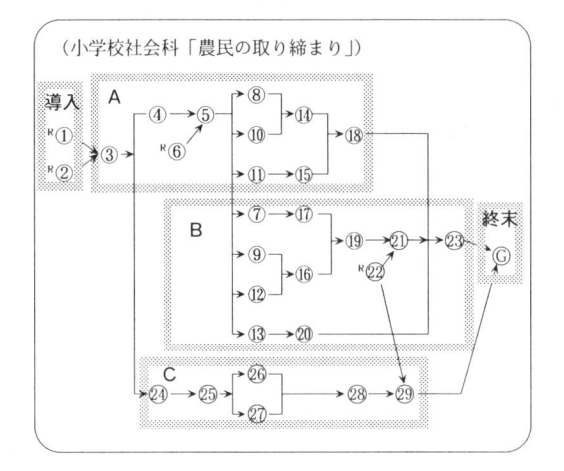

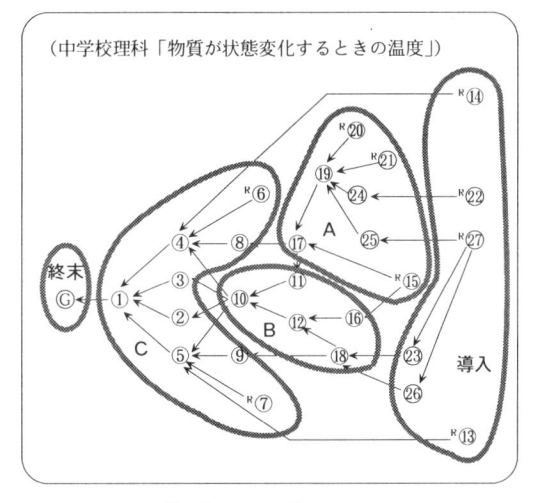

（小学校社会科「農民の取り締まり」）

（中学校理科「物質が状態変化するときの温度」）

　下位目標行動のグルーピングは，あくまでも指導する順序にとらわれないで，形成・相互関係に視点を置いて行うことが大切である。

導入段階の検討　　次は，下位目標行動のグルーピングに基づいて，指導の順序を決定する作業段階である。作業手順としては，導入と

終末段階での指導事項や評価事項を決定し，次いで，展開段階の検討を進めるのが一般的であるが，その逆でもよいし，導入段階→展開段階→終末段階と順次決定していってもよい。

まず，導入段階は学習者に目標意識を持たせ，学習意欲を喚起する段階である。したがって，学習に対する興味・関心を高め，学習への動機づけを行う必要がある。このため，過去の学習経験のうち本時に発展する内容を想起させ，本時の学習目標に注意を喚起させて学習課題を把握させる手だてが中心となる。

授業の展開を帰納型(探究学習，発見学習，等)にするか，演繹型(系統学習，概念学習，プログラム学習，等)にするかによって，その内容・方法や実施手続きに多少の相違が生じる。いずれにしても，導入段階では，前提条件の確認・充足と，学習課題の把握の2事項を明確にしておく必要がある。

終末段階の検討　　学習者にとって，本時の学習活動によってできるようになったという成功感や成就感を持たせるのが終末段階である。その確認の規準は目標行動⑥にあるが，その確認方法はさまざまである。いずれにしてもその授業で到達した学習内容が次の時間への追究心に発展するよう工夫することが肝要である。本時の授業の終了が次時の授業の原動力となるような手続きを考えることが大切である。

「本時のまとめ」は単なる本時の指導内容を要領よくまとめればよいのではなく，学習者が本時の学習内容を主体的に発展していこうとする糸口と励ましを与えてやるところにねらいがある。そして，次時の予告で本時の授業は終了することになる。

展開段階での指導・評価事項の設定　　展開段階の指導・学習順序の決定手続きは2つに分けて進める。

(1)　グループ間の指導順序の決定……下位目標行動のグルーピング

により，展開段階は複数のグループに分けられることになる。どのグループから指導するかを検討する。一般的には，1通りではなく，複数通りの設定ができる場合が多い。

(2) 各分節内の学習順序の決定……まず，「節目」になった下位目標行動を「(途中)評価事項(E:Evaluation)」とし，それを疑問文の形式で評価事項として設定する。次に，その評価に至る「指導事項(I:Instruction)」の設定をする。一般に，その事項数は3～5が適当である。

　指導事項の設定は，下位目標行動の系列によって1つずつ取り上げるのではなく，原則的には学習行動の類似性に着目して，複数の関連のある下位目標行動をまとめて1つの指導事項に設定する。その際，基本的には下位目標行動の形成関係や系列関係に従いながら，学習行動の共通性にも着目して指導事項を設定するようにする。こうして設定された各指導事項が学習活動の各小局面になる。

　以上のような手続きと方法によって，指導事項と評価事項，およびその順序を設定して時系列表にしたのが「指導と評価の系列表」である(図表4-6の網掛け部分参照)。

指導と評価の一体化　　前述した展開段階の学習順序決定の手続きで，とりわけ注目したいのは，分節内の学習順序の決定に際して，まず，評価事項(E)を設定し，それとの関連でいくつかの指導事項(I)を設定したことである。つまり，授業設定にあたって，絶えず，評価と指導を表裏一体の相互依存関係に立つものとの認識を持ってその時系列化を合目的的に進めていることである。

　この方法による授業設計は，学習者に教材の内容を「教えていく」という「教えの心理」の側面からではなく，望ましい学習行動の形成という「学びの心理」に焦点を当てて設定しているところに特質がある。つまり，何を，どう教えるかよりも，どんな学習や活動の成立を目指して授業過程の構築を行うかに主眼がおかれている。

図表4-6　指導過程の振り付け表例（小学校社会科）
指導と評価の系列表とその振り付け表

主題「農民の取り締まり」

段階（時間）	指導事項・評価事項		下位目標行動	教材・教具	指導方法評価方法	学習形態	時間（分）
導入	既習事項確認	◆江戸時代の世の中を表すことばは？	®②®①	TP1（士農工商図）	同意法（問答構成）	集団	6
	課題の把握	◆「百姓どもは死なさぬよう生かさぬように」とは？	ⓖ	小黒板（百姓は……）	連絡法（口頭構成）	集団	
	主題	●「農民のくらし」			説話法	集団	(6)
展開	I₁	●農民への命令書「慶安御触書」	③④⑤®⑥	TP2（§6，§11）	問答法	集団	10
		●飲食物について書いてある	⑧⑩	TP2（§6，§11）	演示法	集団	
		●衣類も書いてある	⑪	TP2（§6，§11）TP3（§16）	問答法	集団	
		●細かいきまりだ…	⑭⑮	同上	話し合い法	分団	
	E₁	◆どんなことを，どのように規制したか？	⑱		構成選択法	個別・集団	(16)
	I₂	●暮らし方，仕事も書かれている	⑦	TP2（§5）	問答法	集団	14
		●便所やたばこのことも…	⑨⑫	TP2（§10）	説話法	集団	
		●あとがきのねらいは…	⑬⑳	TP3（§23）	話し合い法	分団	
		●何のためにこんなきまりをつくったのだろう	⑰⑯⑲®㉒㉑	TP2 TP3 教科書	作業法（記述）	個別	
	E₂	◆「慶安御触書」を出したねらいは？	㉓	TP4	真偽法	集団（個別反応）	(30)
	I₃	●「五人組」とは	㉔㉕	掛図	説話法	集団	8
		●共同責任だった	㉖㉗	掛図 教科書	問答法	集団	
		●共同責任にしたのは	㉘	教科書	話し合い法	分団	
	E₃	●「五人組」をつくったねらいは？	㉙	TP5	完成法（記述構成）	個別→集団	(38)
終末	確認テスト	◆農民への取り締まりのきびしさは？	ⓖ	T6 小黒板	多岐選択法	集団（個別反応）	7
	まとめ	●農民はじっとがまんしただろうか？		教科書	説話法	集団	
	次時予告	●江戸時代のまとめ			説話法	集団	(45)

2．方法・教材・形態の振り付け[8]

「振り付け」とは　授業展開の主要な骨組みは,「指導と評価の系列表」で完成されるが,次のような事項がないと実際の授業を行う計画案としては不十分である。

つまり,①授業展開の各小局面での指導法(学習法),②使用する学習教材や教具,③展開する学習形態,および④展開途中や終了時に行う評価,展開過程の時間配分,等を明らかにしておく必要がある。これも総合化の作業できわめて重要な位置を占める手続きである。

上記の①〜④の内容を,各指導・評価事項ごとに検討を加えて決定し,それらが概観できるように図表4-6の「指導と評価の系列表」の右側に付け加えて,全体が一目で概観できる一覧表が完成する。こうして作成した一覧表を指導過程の「振り付け表」と呼ぶことにする。

「振り付け表」の形式は特に決まったものがあるわけではないが,図表4-6に掲げた事例(社会科「農民の取り締まり」)における「指導と評価の系列表とその振り付け表」のように,授業全体の様子が一目で把握でき,各要素間の有機的な関連も容易に読み取れるようにすることが大切である。

教材の選定とそのメディア化の工夫　教材という用語は,伝統的にさまざまな捉え方があるが,教材・教具という場合の「教材」は授業で用いられる物的資料であり,文部省などでいう教材基準の時の教材は,物的資料とそれを提示するための「教具」を表している。本書では,教材とは,教育の目的を達成するために選択された教育の具体的な内容あるいは文化的素材であると定義して用いている。

学習者は,学習活動で直接的な認識の対象として教材と取り組むことになるが,そのためには,教材を一定の「物的資料」に加工

(メディア化)しておかなければならない。その際，配慮すべきことは，学習者の注意や関心を喚起し，学習活動を誘発するような「情報」に加工することである。

このことについて，バーライン(D.E.Berlyne)は，「人の注目や注意，探索活動を誘発する刺激の条件として『新奇性』『複雑性』『矛盾や葛藤性』等を挙げ，これらの条件を持った情報を提示すると，情報に対して強い関心を示し，思考活動を誘発していくことができる」[9]と実験に基づいて主張している。

学習(指導)方法の検討と決定　次に，設定された教材(媒体)を学習指導に利用するにはどんな学習(指導)法がよいかを検討する。実際には，教材のメディア化や学習形態の検討と並行して進められることが多いが，手順としては，教材を通して学習者が学習するのに有効な学習方法を選択する順序がふつうである。

　主な指導・学習方法として，次のように列挙することができる[10]。

講義・説明(説話)法……教師が直接の言語活動によって，学習内容についての知識を学習者に伝達し解説する授業活動

問答法……教師の問いかけとそれに対する学習者の応答を中心にして展開する授業活動

話し合い法……教師からの働きかけ(発問や指示)を，学習者間の意見交換へ導き，時期を見計らって教師が介在し，学習の方向づけを行う授業活動

討議法……ある学習テーマや課題を設定し，教師または特定の学習者が司会者となって，対立意見を中心に展開させていく授業活動

演示法……実験・実演(模擬を含む)や器具操作などによって，事象や事実についての情報を学習者に提示する授業活動

作業法……指示された学習活動(作図・作表や模型工作，ノートへの記述など)を学習者に実行させる授業活動

上記の指導(学習)法は，授業活動の典型によって分類したものであるが，実際の授業は複合的であって単純化できない場合が多い。また，教科・領域によっては，その表現が異なる場合がある。特に作業法は，観察，実験，描画，作曲，鑑賞，練習，競技等，多様な表現が使用されている。

　ここでは，各指導事項(学習局面)について，その中で最も中心になると思われる指導法を設定する。その選択基準は下位目標行動に示された行動の内容が参考になる。また，全体的な授業の流れにも着目して，同じ指導法の連続にならないように配慮する。

学習形態の検討と決定　通常の授業は，学習者全体を集団として組織し，教師と学習者，学習者と学習者との間におけるコミュニケーションによって展開される集団形態による場合が中心になっている。その中に4〜5人の分団による話し合いや共同学習を中心にして展開したり(分団形態)，一人ひとりの学習者に自力で学習させたりする活動(個別形態)を用いることもある。

　学習形態は，このように①集団，②分団(グループ)，③個別，の3種類に類別される。学習形態も，指導事項の一つ一つに対応して，どのような形態が，指導目標の意図に沿っており，学習目標(目標行動)を達成するために最も効果的であるかを検討して決定する。

　また，学習形態は教師の指導意図，教材の種類，学習方法の種類によって自ずから決まってくることもある。例えば，小学校社会科「農民の取り締まり」の学習のように，多様な学習形態がとれる自由度の高いものもあるが，中学校理科「物質の状態変化するときの温度」の学習では，実験を通したデータ収集の学習方法を用いると，グルー

グループによる作業活動
(神奈川県相模原市立淵野辺小学校)

プ形態を中心に設定されることになる。いずれの場合も，大きく分類された学習形態，①集団，②分団(グループ)，③個別，のいずれかを選択して記載しておくとよい。

時間配分の検討と決定　展開過程における時間配分は，どのような「学習形態」を採用するかによって多少の違いがある。一般的には，まず，大きく，導入・展開・終末（まとめ）の3段階について時間配分をし，続いて展開段階の各分節にかける時分を配分する。時間配分の一般公式はないが，通常の45〜50分の授業で基準になるのは，次のような考え方であろう。

- 導入段階……5分〜10分。
- 展開段階……30分〜40分。
- 終末段階……6分〜8分。

これはあくまで目安であって，発見学習や探究学習では，導入段階にやや比重がかかり，「終末段階」が5〜6分程度と軽くなることもある。

次に，展開段階の指導の分節ごとに予想される時分を配当するが，できれば1つの分節に時間配分が偏らないように留意する。ただ，分団による理科の観察・実験や，個別の社会の作業(記述)は予想以上に時間を必要とする場合が多いので，時間配分に際しては十分に考慮しておかなければならない。

メディア化した教材(教材・教具)，検討・決定された学習方法・評価方法・学習形態，配分された時間を「指導と評価の系列表」に記入していくと，図表4-6のような「振り付け表」が完成する。

3．「授業展開」の書式化の工夫

「授業展開」の記載項目　授業展開の過程は，本時の主題についての学習指導の展開を時系列で表したものであり，直接，学習活動を誘発して，学習目標を達成していく授業レベルの活動の過程を，

第三者にも把握できるように表現したものである。そのために，「授業展開」に記載しなければならない項目は，

 主な学習内容(または指導内容)……学習者の認識の対象となる教材内容を，「指導と評価の系列表」の指導事項や評価事項を基に最小単位でまとめて記述する。(目標分析を行った場合は，下位目標行動との関連を示しておくとよい)

 教師の活動と学習者の活動……予測される学習者の活動や教師の働きかけを記述する。教師と学習者の活動を学習情報処理の過程と捉えると，学習者の学習活動とそれに対する教師の指導や支援などの教授活動とが関連的に捉えられるように記載しておくことが大切である。

 教材・教具や機器……媒体(メディア)としての教材・教具や使用する機器(教育機器，情報・通信機器等)について具体的に記載する。その簡単な利用法も付記しておくとよい。

 指導上の留意点……各指導段階ごとに，指名・指示や学習活動で特に留意しなければならないことを付記する。発問やそれへの対応，個人的に留意したい学習者等についても記しておくことが望ましい。

 時間配分……「振り付け表」から流用する。

表現形式 授業展開の表現形式は特に決められたパターンがあるわけではない。従来用いられてきた形式は，事例の中学校理科「物質の状態変化するときの温度」のように「ことば」中心の表にまとめられて表示されているものが多い。一時，コンピュータの情報処理過程の表示法を流用して，フローチャート「記号」で表示する試みも行われたが今はほとんどなくなった。そういう流れの中から，最近では，「イラスト」での表示を取り入れた形式[1]のものが小学校を中心に増えてきている。

図表 4-7 学習指導案における「展開」の書式例

[タイプ1]

時間	学習内容	予想される学習者の活動	教師のはたらきかけ	教材・教具	備考・評価

[タイプ2]

時間	学習内容	教師の指導	予想される学習者の活動	教材・教具	評価・留意点

理科(第1分野)学習指導案例(その3)

(8) 展 開 (本時)

時間	学習内容	予想される生徒の活動	教材・教具	教師の指導・評価
10分 10分	<導入> ・凍る気体, 沸騰する金属 ・物質がとける温度と沸騰する温度 ・氷が融解する温度, 水が沸騰する温度 課題提示 ・物質が状態変化するときの温度は物質によって決まっているのか?	・酸素や窒素もこおる。鉄や銅も気体になることをマルチメディアで視聴する。 ・どんな物質でも, 熱して温度を上昇させれば固体→液体→気体になり, 冷やして温度を下げれば気体→液体→固体になることをマルチメディアの視聴で把握する。 ・水の状態変化の際の温度についてマルチメディアで視聴。 課題の把握 ・物質が状態変化するときの温度は, 物質によって決まっているかどうか実験班ごとに話し合い, 各自の考えをまとめる。 ・物質が状態変化するときの温度の調べ方について話し合う。	LD プロジェクタ LD プロジェクタ LD プロジェクタ TP	・マルチメディアLD教材「超低温の世界」,「超高温の世界」を視聴させる。 ・どんな物質でも, 加熱や冷却すれば, 温度が変化して, その状態が変化することに気づかせる。 ・マルチメディアLD教材で-10℃の氷を熱し続けたときの温度変化について提示する。 ・氷は0℃でとけはじめ, とけ終わるまで温度は0℃であること, 水が沸騰するときの温度は100℃であり, 熱してもその温度は変わらないことを再確認させる。 ・蒸発・沸騰の区別についてふれておく。 [評価] ・課題が把握できたか, 話合いの内容で評価する。
15分 25分	<展開> 基礎操作 　温度計の使い方 実験2 　エタノールの沸点の測定	実験2 エタノールが沸騰するときの温度を調べる。 ・危険防止, 温度計の目盛りの読み方についての教師の説明を聞く。 ・各自役割を確認する。 ・実験の方法を検討し, 工夫を加える。 ・必要な器具を準備する。	ワークシート 実験用具一式 プロジェクタ 温度計 TVカメラ	・実験ワークシートを配布する。 ・実験2の危険防止と, 温度計の目盛りの読み方について指導する。 ・突沸を防止するために, 沸騰石を使用し, 引火を防止するために, 湯浴法で熱する。

時間	学習活動	生徒の活動	教材・教具	指導上の留意点・評価
	・水浴法と沸騰石の役割 ・安全な沸点測定法	・水浴法と沸騰石の役割についての説明を聞く。 ・エタノールが沸騰するときの温度を，突沸や引火しないように注意して測定する。	コンピュータ プロジェクタ	・温度計は最小目盛りの1/10まで目分量で読み取る。 ・温度計は事前に器差を調べて，不良品は除外しておく。 [評価] ⑰ ・目的を達成できる実験がなされているかを机間巡視しながら，評価する。
10分 35分	・エタノールが沸騰するときの温度の測定結果の確認 ・毛管によるナフタレンが融ける温度を測定する演示実験	・実験結果を発表し，エタノールが沸騰している間は，温度は変わらない。量が異なってもその温度は約78℃であることを話合いを通して確認する。 ・教師による固体がとける温度を調べる演示実験を観察し，ナフタレンが融ける温度は81℃であることを確認する。	TP 温度センサー 演示実験用具 コンピュータ プロジェクタ	・ガラス毛管法による融点測定法について説明する。 ・コンピュータでのエタノールの加熱による温度変化の自動計測を演示する。 [評価] ⑩ ・エタノールの沸点と沸騰中の温度変化の有無が確認できたか。
10分 45分	・融点・沸点 ・融点・沸点についての仮説の設定	・融点・沸点の定義について話し合う。 ・エタノールの沸点は78℃，ナフタレンの融点は81℃であることを確認する。 ・水の融点は0℃，沸点は100℃であることを追確認する。 ・融点・沸点についての仮説を設定する。 ＜仮説＞ ・物質が状態変化する際の温度は，物質の量に関係なく，物質の種類によって決まっている。 ・融点や沸点は，物質を見分けるときの手がかりになる。	TP TP	・ナフタレン・水の融点，エタノール・水の沸点のデータ表，及び状態変化の際の加熱時間と温度変化のグラフを提示する。 ・混合物の融点や沸点については，深追いはしない。 [評価] ① ・融点・沸点の定義が説明できるか。 ・融点・沸点にかかわる仮説が設定できるか
5分 50分	＜まとめ＞ ・融点・沸点 ＜次時の予告＞ ・物質の特性としての融点・沸点	・気体→液体→気体の変化の際の温度について話し合う。 ・仮説の検証方法について話し合う。	TP	[評価] G ・状態変化と温度との関係が説明できるか

本時の活動計画（活動と支援）（総合的学習の事例）

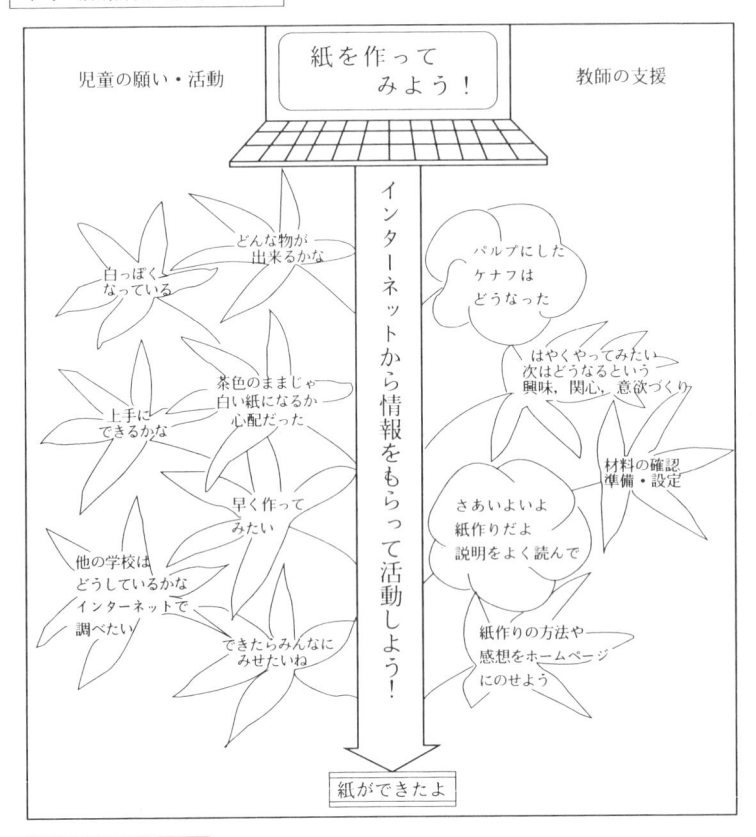

児童の願い・活動　　　　紙を作ってみよう！　　　　教師の支援

インターネットから情報をもらって活動しよう！

- どんな物が出来るかな
- 白っぽくなっている
- 茶色のままじゃ白い紙になるか心配だった
- 上手にできるかな
- 早く作ってみたい
- 他の学校はどうしているかなインターネットで調べたい
- できたらみんなにみせたいね

- パルプにしたケナフはどうなった
- はやくやってみたい次はどうなるという興味、関心、意欲づくり
- 材料の確認準備・設定
- さあいよいよ紙作りだよ説明をよく読んで
- 紙作りの方法や感想をホームページにのせよう

紙ができたよ

今後の取り組み予定

- 作品展示会をする
- 作った感想など入れて新聞作りをする
- 種とりをする
- 今年度の取り組みを反省する

― ケナフを育てよう ―

大切なのは，授業設計者の意図が第三者にも明確に伝えられること，授業者が実践しやすいこと，それに加えて授業改善に役に立つことという学習指導案作成のねらいを押さえてあれば形式にとらわれる必要はない。むしろ，形式にとらわれ，作成の手続きを省略しないようにしたいものである。

[引用・参考文献]
1) 古藤泰弘『社会科　授業理論の新展開と指導プログラム』(財)才能開発教育研究財団, 1986年, 51頁
2) 沼野一男『授業の設計入門』国土社, 1976年, 25頁
3) 授業技法研究会編『指導細案の作成と事例』学習研究社, 1982年, 95頁
4) R, M. Gagné, *The Condiction of Learning*, Hollt, Rinehart and Winstone, 1970
5) 沼野一男　前掲書 57-84頁
6) 小林一也・他『学習目標分析の方法』学習研究社, 1972年, 36頁
7)「指導と評価の系列表」の作成手続きや方法については，古藤泰弘 前掲書 85-87頁によった
8)「振り付け」の手続きと方法については，古藤・同上 89-91頁によった。
9) D.E. Berlyne, *Conflict, Arousal and Curiosity*, New York, McGraw-Hill, 1960.
10) 古藤泰弘 前掲書 92頁
11) 柴田和代「第23回全日本教育工学研究協議会全国大会資料」神奈川県相模原市淵野辺小学校, 1997年

第5章 メディア活用の技術と心理

第1節 授業におけるメディアの位置づけと活用

1. 教育とメディア

メディアとは メディア(media)とはコミュニケーション過程において送り手から受け手へメッセージを伝える際に、そのメッセージをのせるものである。メディアに求められる主機能は「伝達」と「記録」である。

メディアをどう分類するかはさまざまであるが、ここではメディアの形態によって3つに分けてみることにする。

(1) 記号系メディア……ことば、文字、数、グラフ、図、画像など
(2) 物質系メディア……空気、光、電子など(伝達系)
　　　　　　　　　　　紙、フィルム、磁気テープなど(記録系)
(3) 記号＋物質メディア……図書、新聞、映画、ラジオ、テレビなど

一般的には(3)のように送り手のメッセージを記号に託し、物質に載せたものを「メディア」と呼ぶ場合が多い。メディアは伝達したい内容(コンテンツ)によって記号と物質の組み合わせを変えながら、その効果的な方法を工夫することになる。

言語中心主義から直観教育へ 教育、とりわけ授業において「核」となるメディアは「ことば」である。文字が発明されるまでは口承

(話しことば)と模倣を中心に教育がなされていた。

「文字」が発明されると文字を媒介にした教育に変わっていった。文字を使うには「読む力」と「書く力」(いわゆるリテラシー)が必要である。文字を操る能力を持った者による文字中心の教養主義的な教育が始まったのである。いわゆる「言語中心主義」の教育である。言語中心主義の教育はキリスト教の聖書等の暗唱など，教師を含めて権威ある人物の言葉を暗唱していく教授法に道を開くことになった。

やがて，「言語中心主義」の脱却を唱え，感覚に訴えながら知識を身に付ける必要を説き，直観教授法と教科書を開発したのがコメニウス(J.A. Comenius, 1592-1670)である。

コメニウスは，百科全書主義(すべての知識をすべての人が身につける思想)のもとで『大教授学』(1657)を著した。また，教科書として当時としては画期的な挿し絵が入った『世界図絵』(1658, *Orbis sensualium pictus*)をつくり，教授活動における視聴覚メディアの起源になった。この教授理論の根底には，まず学習は事物の観察に始まり，ついで思考に入り，最後にこれを言語に表現するという順序をたどるという考え方があった。この思想はペスタロッチ(J.H. Pestalozzi, 1746-1827)などの直観教授へ大きな影響を与えた。

デールの経験の円錐　メディアを通しての経験と直接体験の関係をデール(E.Dale, 1899-1983)は，「経験の円錐」(cone of experiences)という層化による分類で表した(図表5-1)。

「経験の円錐」では，最下層の「直接的目的的体験」が最も具体的で，最上層の「言語的象徴」すなわち言語によって伝達される経験が最も抽象的であり，視聴覚メディアはその中間に位置し，半具体・半抽象という性格で明示した。その中で学習者は「豊かな経験」を具体的体験と抽象的体験を往復することで再構成することができるとした。デールはこの「経験の円錐」で，経験は具体的で感性的

図表 5-1　デールの「経験の円錐」

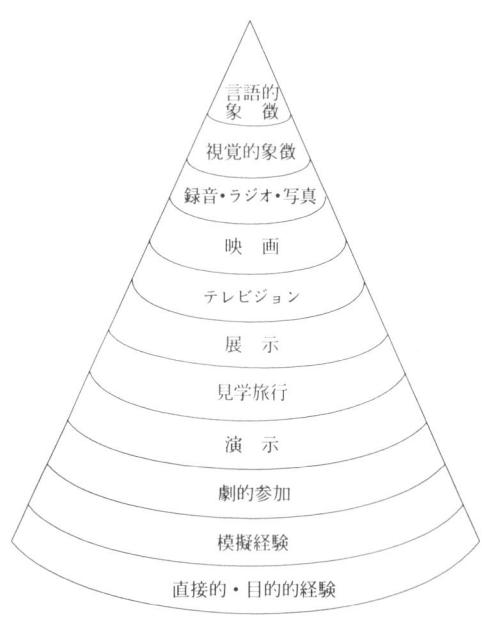

- 言語的象徴
- 視覚的象徴
- 録音・ラジオ・写真
- 映画
- テレビジョン
- 展示
- 見学旅行
- 演示
- 劇的参加
- 模擬経験
- 直接的・目的的経験

E. Dale, *Audio-Visual Methods in Teaching*, 3 rd ed., 1969

な直接経験から始まり，上方に行くにつれて抽象的で理性的な認識になること，したがってどんな抽象的な概念も，もともとは感性的な経験に根差していると主張したのである。

これについて波多野完治氏は，デールのいう「具体」に感性的体験を対応させ，「抽象」に理性的認識を対応させながら，「これを上り道と下がり道ということで私は考えておるのです。上り道というのは感性的経験から概念の方へいったことですが，下がり道の方は概念から感性へ下りてくるということなんです」(『視聴覚教育の心理学』日本放送教育協会，1956年，73頁）と述べている。

実社会と結びついた教育を主張したオルセン(E.G.Olsen)は学習の在り方を「抽象性」-「具体性」のレベルを軸として，地域社会経験による直接学習(第1段階)，表現活動による直接学習(第2段階)，視聴覚資料による代行学習(第3段階)，言語による代行学習(第4段階)に分け，言語メディアと視聴覚メディアの役割を区別した。

メディア利用をめぐる論争　日本では，教育にメディアをどう活かすかについて論争がいくつか起こった。

1934年頃，関野嘉雄氏と鈴木喜代松氏が「映画」を教育にどう活かすかをめぐり論争を起こした。小学校の訓導であった鈴木は映画

を教師の説明と教科書の文章を補うための補助的手段に過ぎないことを主張した。それに対し関野は「映画を単に『動く掛図』として利用している」と批判し，映画の特性，映画のもつ教育力や文化的使命を十分に認識した上で，「映画をもってする教育」さらには「映画のための教育」を主張した。いわゆる「動く掛図」論争と呼ばれているものである。

放送教育をめぐっても1960年頃，放送内容についての事前・事後指導を主張する山下静雄氏と，それを否定して「見ながら考え，考えながら見る学習だ」という西本三十二氏の主張(テレビチューター論)が対立した「西本・山下」論争があり[1]，それがやがて「放送学習論」対「放送利用学習論」へと発展した。

1960年代，行動科学，システム科学の発達や各種教育機器の開発により，授業を1つのシステムと捉え，その構成要素である授業の流れ，学習指導の型，その中での教師の教育機能(情報提示・反応要求，情報収集，KR)を最大限に生かす方法，あるいは児童生徒が最も効率良く学習ができる最適な環境や状態を生み出す方法を追究する研究が始まった。これは，いわゆる「教育工学」の考え方からのアプローチである。こうしてメディアが授業システムの一部として組み込まれていったのである。

2．授業におけるメディア活用の技術と心理

授業におけるメディアの位置づけ　　授業の基本的な形態は教授－学習活動を中心に教師と学習者群との情報の交流や学習者間の情報交換による展開が大半を占めている。したがってメディアは教授活動や学習活動と一体化して活用される場合が多い。

そこで授業過程における教授活動と学習活動，それに学習情報の流れの中にメディアを位置づけてみた。それをモデル化したのが図表5-2である[2]。

少し説明しておこう。教授活動の中心はことばによる説明や発問

図表5-2 授業過程とメディアの位置づけ

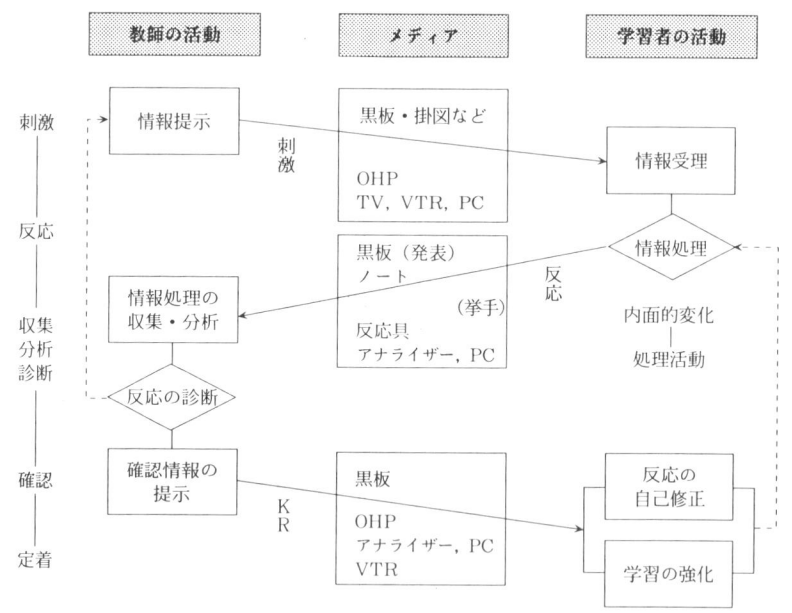

教師の活動	メディア	学習者の活動

刺激 — 情報提示 →(刺激)→ 黒板・掛図など / OHP / TV, VTR, PC → 情報受理

反応 — ↓ 情報処理

収集
分析 — 情報処理の収集・分析 ←(反応)← 黒板(発表) / ノート / (挙手) / 反応具 / アナライザー, PC ← 内面的変化 — 処理活動
診断 — 反応の診断

確認 — 確認情報の提示 →(KR)→ 黒板 / OHP / アナライザー, PC / VTR → 反応の自己修正 / 学習の強化

定着

である。それに黒板を用いたり，教科書などの活字メディアや各種の視聴覚メディア，コンピュータ(PC)等を使用して教授活動を充実させることになる。

　一方，学習者は受理した情報を処理・比較したりしてそれを行動化(overtなresponse)していく。単にことばによる応答や身振りだけでなく，メディアを用いて発表したり表現したりする。

　そのような学習者の外面活動の様態から，教師は反応情報を収集しながら診断し，その結果を学習者にKR(knowledge of result)情報として返していく。KR情報は多くの場合，口頭や表情，身振りで行うが，コンピュータ等を用いて行うこともある。

　この図からわかるように教育メディアは基本的には授業過程のシステムの中に組み込まれ，教授活動や学習活動を増幅(amplify)す

る働きを果たしているのである。

教育メディアの種類　教育メディアの種類が急激に多くなり,また機能も複合的になってきている。ここでは,授業過程における教授活動や学習活動の増幅的な役割に着目して,次のように大きく3つに分けて検討してみたい。

(1)　刺激メディア(stimulus media)

学習者に対して学習情報を提示し,学習者に刺激(情報)を与えるためのメディアである。これには①視覚に訴えるメディア(黒板,掛図,OHP,スライドプロジェクタなど),②聴覚に訴えるメディア(ラジオ,テープレコーダ,音声CDなど),③視聴覚に訴えるメディア(テレビジョン, VTR,映像CD,映画など)などがある。

これらの刺激メディアは,基本的には教師側から情報を発信し,教授活動を増幅させるために活用することになるが,その情報が学習者に受信され,内容的な受理が行われて初めてメディア活用の意味が生じる。受信からさらに受理(内面での処理)が行われるようにするためには,学ぶ心理に立って情報内容(コンテンツ)を吟味し,受信されやすいように「記号」と「物質」の組み合わせを工夫して加工する必要がある。

OHPを利用した授業

(2)　反応メディア(response media)

学習者が外部の情報を受理して内面化(同化)すると,新しいスキーマ(schema)が形成される。その処理活動の様態(covert な response)について表出するさまざまな反応(overt な response)が表れてくる。広義にはうなずきとか表情・態度や挙手などの身体的表現を含むが,メディアとしてはノートに書く,黒板に書くあるいは反応具やアナライザーで回答するなどの行動で反応する。タイプライターを打つ

反応分析装置(アナライザー)を使用する授業

やパソコン(PC)への入力も反応行動である。

学習者は反応メディアを使用して反応行動を行うことにより，自己の内面処理の状況を自己確認(メタ認知)する効果を持つが，同時にその反応情報は教師に向けての発信にもなる。自己確認だけでなく教師を含めた他者からの評価を期待するからである。

(3) 刺激─反応メディア (stimulus-response media)

学習者に向けて刺激としての情報を提示する機能だけでなく，それに対して応答できる反応機能を内蔵しているメディアをいう。その多くはKR機能をも備えている。

刺激─反応メディアの典型はコンピュータであるが，すでに1960年頃からティーチングマシン(Teaching Machine, TM)などの個別

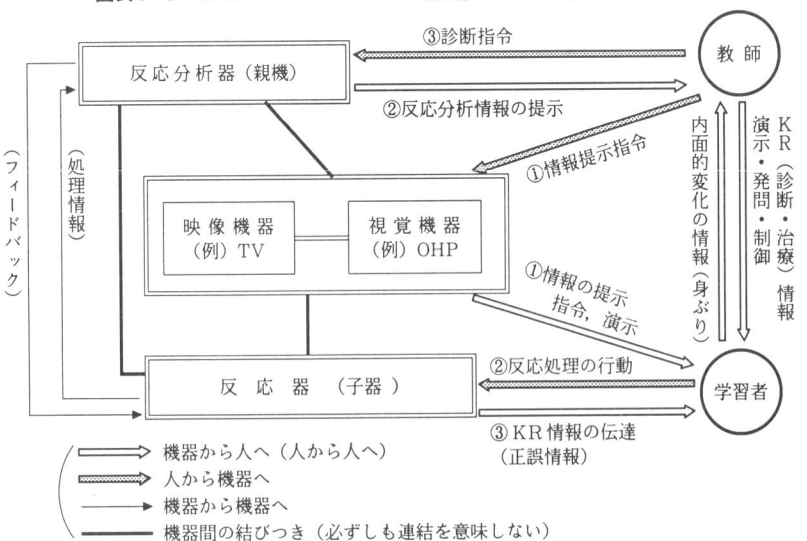

図表5-3　MAIシステムにおける「機器」・「人」・「情報」の関係図

```
                    ③診断指令
        反応分析器(親機) ←──────────── 教師
                ↕                        ↑ ↓  KR(診断・治療)
        ②反応分析情報の提示              演示・発問・制御
(フィ  (処  ┌─────────┐ ①情報提示指令  内  情
ー  理  │映像機器 │視覚機器│      面       報
ド  情  │(例)TV  │(例)OHP │      的
バ  報) │         │        │      変
ッ      └─────────┘ ①情報の提示  化
ク)                          指令，演示  の
                                         情
        反 応 器 (子 器) ②反応処理の行動  報  学習者
                       ←──────────── (身ぶり)
                         ③KR情報の伝達
                          (正誤情報)
```

⇒ 機器から人へ(人から人へ)
⇒ 人から機器へ
→ 機器から機器へ
― 機器間の結びつき(必ずしも連結を意味しない)

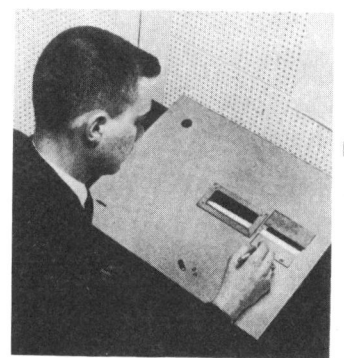

1924年プレッシーによって開発されたマシン

スキナーが開発したディスクマシン

学習器や LL (Language Laboratory) あるいは集団自動教授装置 (Machines Assisted Instruction, MAI) などが開発され利用されてきた。

　ティーチングマシンの祖とも言うべきメディアは，1924年に米国の心理学会で発表されたプレッシー(S. L. Pressey)の「テストし，採点し教えもする学習装置」(A Simple Apparatus Which Gives Tests and Scores-and Teaches) である[3]。

　その後，スキナー(B.F. Skinner)は新行動主義心理学に基づいた新しい学習理論を展開し，ティーチングマシンを開発して[4]プログラム学習を広めていくことになった。

シンクロファクス（リコー）

個人学習器で学習する中学生

　ティーチングマシンに共通な基本機能は，学習内容を提示する刺激機能，学習者がそれに対して反応する機能，それに加えて自分の反応(回答)の正誤を確認できる機能(フィードバック機能)の3つで

第1節　授業におけるメディアの位置づけと活用　153

ある。これに記録機能を加えることもある。

このようなティーチングマシンの基本機能をコンピュータの機能の中に組み込んで開発されたのが CAI (Computer Assisted Instruction)である[5]。当初はセンターに中型や大型のコンピュータを置き、それに数多くの学習端末(terminal)を接続して、ホストコンピュータに制御させるシステムであった。

それが1980年代に入ってパーソナルコンピュータ(当初はマイコンと呼んだ)が出廻わり始めると、パソコンによる CAI 学習へと移行することになった。さらにマルチメディアや通信の発達によってCAI の形態も大きく変化してきており、学習者の要求によって目的別に活用する CAI など、その利用の様態は多様化してきている。

生徒が OHP を使って発表する

OHP

OHP の活用法　OHP(Over Head Projector)は、刺激メディアの中ではもっとも一般的で手軽に利用できるメディアである。利用の仕方によっては教師側からの情報提示の利用だけでなく、学習者の表現活動や発表学習などにも容易に利用できるため極めて広範囲に使用されている。

OHP は光を通してメッセージが描かれた透明のシート(TP : Transparency)を用いてスクリーンに映す装置である。明るい部屋で使え、学ぶ心理を活かした表現方法を工夫すると、学習者に授業参加を促すのに効果的であるだけでなく、各種のプレゼンテーションにも広く活用できる。

いくつかの活用法について紹介しておくことにする[6]。

①板書代替法……板書に近い内容を順次提示していく方法である。手書きでも簡単に作成できる利点がある。

またワープロなどで作成した原稿をそのまま専用のTPシートに印刷したり，原稿をコピー機でPPC用のシートに複写して作成できるなど，もっとも手近な活用法である。

図表5-4　TPづくりの基本

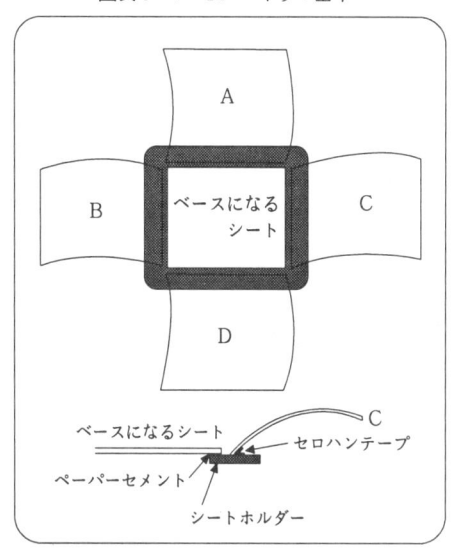

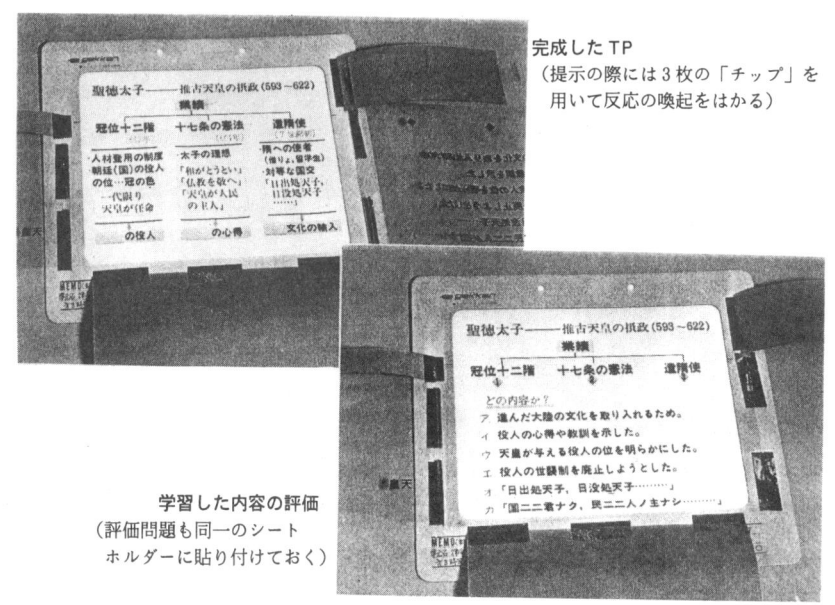

完成したTP
（提示の際には3枚の「チップ」を用いて反応の喚起をはかる）

学習した内容の評価
（評価問題も同一のシートホルダーに貼り付けておく）

板書代替法の事例

第1節　授業におけるメディアの位置づけと活用　155

②スライド・チャート法……写真や地図，絵図や図形など予めTPシートに作成しておいて提示する方法である。

　写真と文字，あるいは絵図と写真というように組み合わせて提示できるところに特色がある。最近はカラー写真などをカラーコピー機を用いてカラーTPが制作できるので利用の幅が広くなった。発表学習などでよく用いられる提示法である。

2枚の写真と家のつくり

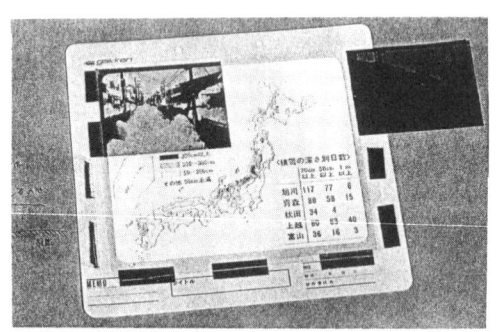

積雪地帯地図と積雪日数
（1つのシートホルダーでいろいろな提示ができる）

スライド・チャート法の事例

③合成分解法……複数のTPシートを重ね合わせたり，取り外したりしながら，単純から複雑へ，また逆に複雑な内容を単純な要素に分解しながら投影する方法である。全体と部分，事象と事

象との関連などを理解させるために効果的で，思考を深める学習に効果的である。

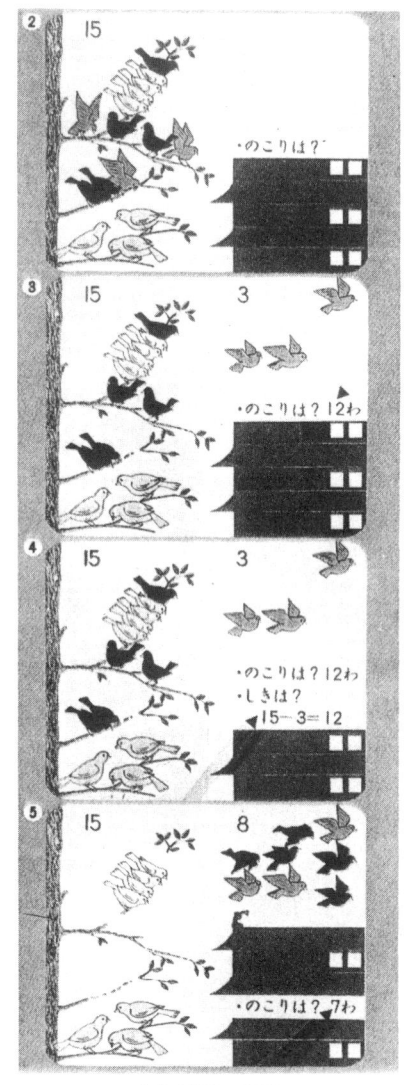

合成分解法の事例

④部分透視法……紙などの一部を切り抜いた部分を通して出る光をスクリーン上に投影して影絵的な効果をもたらす方法である。

　学習の焦点を明確にさせる方法として効果的で，学ぶ心理からすると内心に精神的不均衡(ハングリー)が生じ，「要求」(どうなっているのだろう)が生じやすくなる利点がある。

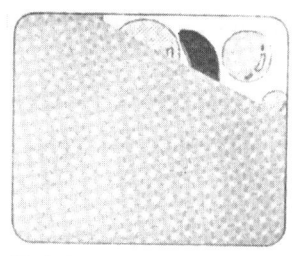

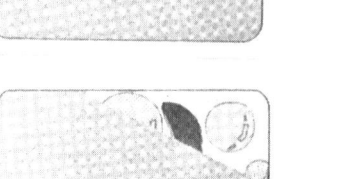

部分透視法の例 (1)

部分透視法の例 (2)

⑤模型作動法……透明なアクリル板等を使用し，OHPのステージ上で動かしながら，ものの構造や機能などをシミュレートして理解を深める方法である。学習者が直観的に把握できるところに利点がある。

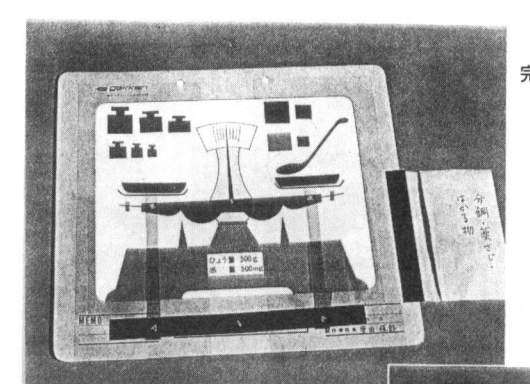

完成したTP
（分銅・薬さじ・はかる物はチップにしておく）

提示例
（うでの傾きが自由に操作でき，皿が常に水平に提示できる）

模型作動法の事例

⑥具体物提示法……通常は透明なアクリル板やTPシートにカラーシートを貼付して，動物や植物などをモデルに半具体物を製作し，それをOHPのステージ上に並べたりして，ものの配置や移動の様子を分かりやすく視覚的に伝達する方法。定規や方位磁石のような実物をOHPのステージ上において説明することもできる。

図表 5-5　具体物提示法の例

　背景が左へ動く　　　ＯＨＰステージ

⑦移動的表示法……OHP のステージ上に 2 枚の TP シートを重ね
ておき，そのうち 1 枚を他の TP シートに平行，左右，天地に
ずらせながら提示する方法である。図形の移動，グラフの座標
の移動などを表すのに好適な表示法である。

図表 5-6　移動的表示法の事例

平行移動シート

⑧流動的表示法……TP シー
トに偏光シールを貼っ
て作成し，偏光板を回
転させると光が順次移
動する現象が生ずる。
その流動状態(動きや
流れ)を起こさせて表
示する方法である。肉
眼で見えないものや見

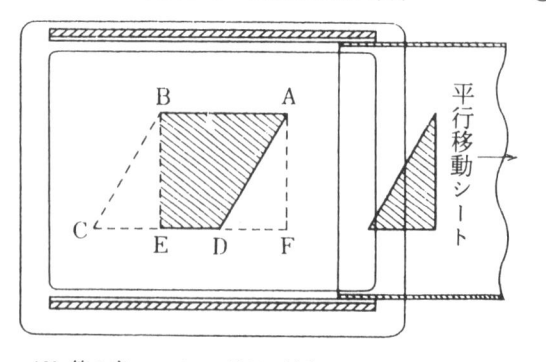

160　第 5 章　メディア活用の技術と心理

えにくい動きのある現象を目に見える形で提示できるところに特色がある。学習者の集中力を高めたり，印象を強烈にしていくプレゼンテーションとして効果的である。

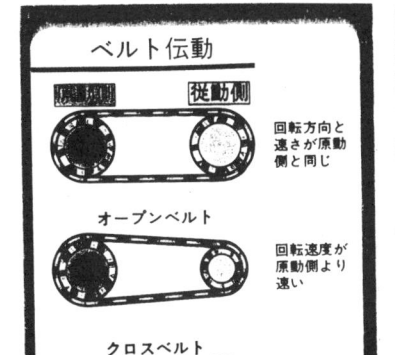

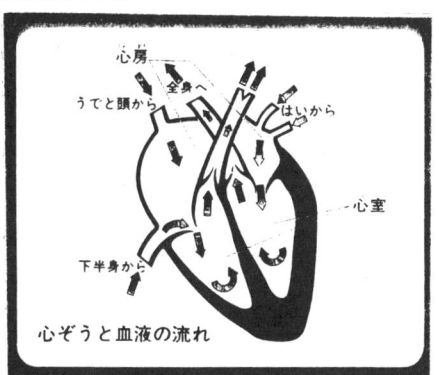

図表5-7　流動的表示法の事例

その他のメディアの活用法　　OHP以外に通常の授業でよく用いられるメディアをいくつか取り上げ，その活用法について紹介しておきたい。

①スライド……専用のネガフィルムをスライド投影機を通してスクリーンに拡大して映し出す視覚機器である。テープレコーダを利用して音声と連動させることもできる。

　　授業での活用の利点としては，①拡大された画像を静止した状態で映し出せるので教師が必要な個所で説明ができる。②普通のカメラでつくれるため，自作教材が簡単にできるなどが挙げられる。

　　最近はデジタルカメラで撮影し，そのままテレビ受像機に表示する方法も用いられるようになった。

②テープレコーダ，CD (compact disk)……音声を磁気テープやディスクに記録しそれを再生装置を使って聞くことができる聴覚機器である。

　授業での活用の利点としては，①語学教材で正しい発音や朗読の仕方がわかる。②繰り返し再生が可能なので納得のいくまで聞き返せる。③テープの場合，学習者自身の発音や朗読を保存することができるので模範と比較ができるなどが挙げられる。

③ビデオ……ビデオは，動く映像と音声の信号を磁気テープに記録し再生して利用する。

　授業での活用の利点としては，①必要な場面で停止したり，早送りしたり，巻き戻したりできるので説明を加えながら使える。②テレビ放送を録画して利用できる(カンヅメ的利用)。③ビデオカメラを使って撮影した自作教材を利用できる。④演技などを録画してあとで自己評価に利用する(カガミ的利用)などが挙げられる。

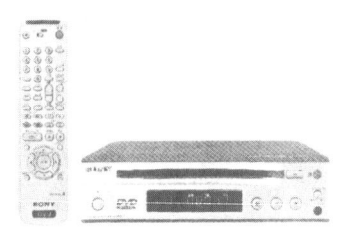

CD／ビデオCD／DVDプレーヤー

　最近では磁気テープの代わりにVD（ビデオディスク），ビデオCD，DVDなどディスクを利用し，従来のアナログ方式からデジタル方式で記録や再生ができるものが登場した。

　ディスクの場合，テープのように早送り，巻き戻しの必要がなく，希望する映像が瞬時に表示できるので，授業を中断することが少なくなる。また，デジタル方式の場合，音質や画質が鮮明で劣化しにくい特徴がある。コンピュータを活用することで，映像の編集，文字，音声や映像を融合したマルチメディア教材を自作することが容易にできる。

④テレビ放送……テレビ放送はさまざまな事象を映像と音声で構成し学習者へ直接視覚聴覚を通じて伝達するメディアである。

　放送の特性として総合性，作品性，速報性，同時性，広範性，

一方向性などが挙げられる。

　活用法としては，放送をそのまま「まるごと」利用する方法（放送学習）とVTRで録画しておき必要な学習場面で補助教材として利用する方法（放送利用学習）がある。

　放送の形態には直接教授をねらった番組（学校放送）と映像資料としての番組（一般の放送）があり，授業では放送の位置づけ（中心的な役割，補助的な役割）を明確にして活用することが肝要である。

道具としての活用法　視聴覚メディアを調査活動や表現活動の道具として利用することが多くなっている。調査活動の際にはノートなどの筆記用具に加えてビデオカメラやデジタルカメラを持参して記録を取ったりする。

　表現活動においては従来から行われてきた模造紙を使った壁新聞やポスターづくりのほかに，OHPをプレゼンテーションとして使った発表が多くなってきたし，ビデオ作品をつくる活動も見られる。さらにコンピュータによるマルチメディアでの表現活動もみられるようになった。

　メディアや機器を活用する学習では，調査の目的や課題あるいは伝達したい内容を十分に検討した上で，基本的な操作法を身につけ，効果的な撮影法や表現法の基本を習得することが大切である。

第2節　コンピュータの利用技術と心理

1．教育とコンピュータ

コンピュータの基本機能　コンピュータは基本的にはハードウェアと情報を処理するためのソフトウェアから成り立っている。

図表5-8 コンピュータ(ハードウェア)の基本構成

ディスプレイ（出力装置）
コンピュータ本体（演算，記憶，制御の各装置）
プリンタ（出力装置）
補助記憶装置
キーボード（入力装置）
マウス（入力装置）

図表5-9 ソフトウェアの役割

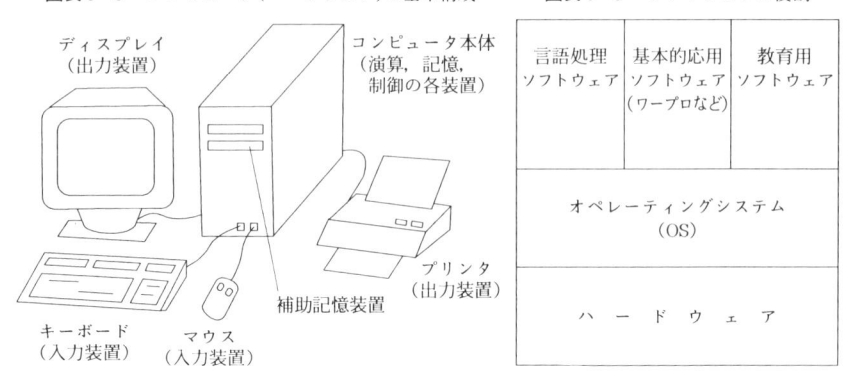

言語処理ソフトウェア	基本的応用ソフトウェア（ワープロなど）	教育用ソフトウェア
オペレーティングシステム(OS)		
ハードウェア		

　コンピュータには計算したり判断する演算機能，データやプログラムを保存する記憶機能，コンピュータが円滑に作業を進めるための制御機能，キーボード，マウスなどからデータを入力する入力機能，ディスプレイやプリンタなどに処理結果を表示する出力機能などがある。

　コンピュータがこれほどまでに注目を浴びてきたのは，処理が可能なデータの形態が多様化したことや，入力装置，出力装置の多様化と進化にある。かつては処理可能なデータの形態は数値のみであったが，処理能力が向上するとともにデジタル技術の進歩により，文字，グラフィックス(2次元，3次元)，音声，画像(静止画，動画)などが同時に扱えるようになった。

　入力装置についてみるとキーボードだけでなく，マウス，スキャナー，音声入力装置などあらゆるデータの取り込みが個人レベルで可能になってきた。また，出力装置についても文字だけでなくグラフィックス，画像などがディスプレイやプリンタでカラーで鮮明に表示できるようになった。

　さらに，通信技術の発達もコンピュータの利用を広げた。同じ建物内，敷地内で専用回線を使って複数のコンピュータをつなげるLAN(Local Area Network)は，コンピュータの共同利用を促進す

ることになった。また電話回線や専用回線を利用して遠く離れた場所のコンピュータと結んで遠隔教育(distance education)やテレビ会議などが可能になるなど，コンピュータの利用範囲が急速に広がっている。

ソフトウェアの種類と開発　コンピュータが普及し始めた頃は目的に合わせてプログラムを自分で作成しなければならなかった。やがて，OS(Operating System)が開発され，日本語ワードプロセッサや図形作成ソフトウェア，表計算ソフトウェアなどのさまざまな

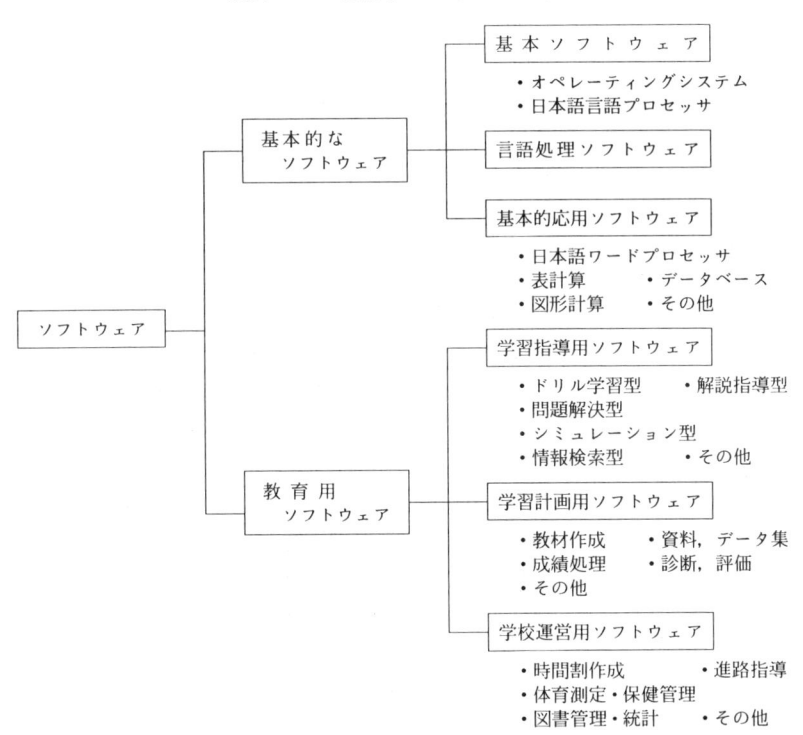

図表5-10　教育用ソフトウェアの分類

```
ソフトウェア ─┬─ 基本的な     ─┬─ 基本ソフトウェア
             │   ソフトウェア   │    ・オペレーティングシステム
             │                 │    ・日本語言語プロセッサ
             │                 ├─ 言語処理ソフトウェア
             │                 │
             │                 └─ 基本的応用ソフトウェア
             │                      ・日本語ワードプロセッサ
             │                      ・表計算    ・データベース
             │                      ・図形計算  ・その他
             │
             └─ 教育用       ─┬─ 学習指導用ソフトウェア
                 ソフトウェア   │    ・ドリル学習型  ・解説指導型
                               │    ・問題解決型
                               │    ・シミュレーション型
                               │    ・情報検索型    ・その他
                               ├─ 学習計画用ソフトウェア
                               │    ・教材作成    ・資料，データ集
                               │    ・成績処理    ・診断，評価
                               │    ・その他
                               └─ 学校運営用ソフトウェア
                                    ・時間割作成     ・進路指導
                                    ・体育測定・保健管理
                                    ・図書管理・統計  ・その他
```

文部省『情報教育に関する手引』ぎょうせい，1990年，69頁

応用ソフトウェアが開発され容易に入手できるようになると、コンピュータが広く利用されるようになった。そのことが学習や仕事、趣味などさまざまな目的に応じたアプリケーションソフトの開発を促進し、コンピュータの利用を一層拡大することになった。

　文部省では、学校における教育の場での活用という観点からソフトウェアについて、図表5-10のように分類している[7]。

　まず、基本的なソフトウェアと教育用ソフトウェアに分け、前者はさらにコンピュータを動かすための基本ソフトウェア(オペレーティングシステム＝OSや日本語言語プロセッサ)、言語処理ソフトウェア(ベーシックなど)、基本的応用ソフトウェアの3種に分けている。

　このうち、利用者からみて特に大切なのは基本的応用ソフトウェアで、一般にアプリケーションソフトウェアと呼ばれている。とりわけ日本語ワードプロセッサ(いわゆるワープロ)、表計算ソフトウェア、図形作成ソフトウェア、データベースソフトウェアはコンピュータを道具として利用するためには欠かせない基本的なソフトウェアだといってもよい。

　この図表は1990年に発表されたもので取り上げられていないが、インターネット等の通信用ソフトウェアも、この基本的応用ソフトウェアの中に含まれるし、マルチメディアソフトウェアとして利用度の高い「統合ソフトウェア」(ワードプロセッサ、表計算、グラフ作成、図形作成や通信など数種類のソフトウェアを1つに統合したもの)も含めて考えてよい。

　一方、後者の教育用ソフトウェアについては、さらに学習指導用ソフトウェア、学習計画用ソフトウェア、学校運営用ソフトウェアの3つに分けられている。

　この中で、これまでコンピュータの教育利用で中心になったのは学習指導用ソフトウェアである。いわゆるCAIの学習ソフトウェアである。CAIはティーチングマシンの思想から発展したものであるが、後述するようにコンピュータの諸機能と結びついて、種々の

様式の学習ソフトウェアが開発され教科学習の個別化に役立てられている。

学習計画用ソフトウェアと学校運営ソフトウェアは教師の教育活動を支援したり，学校の組織運営のための情報を処理するためのアプリケーションソフトウェアである。

コンピュータと教育の関わり　コンピュータの教育利用は，(1)授業に直接的に関わる利用，(2)指導計画の作成や学校経営など授業に間接的に関わる利用に大きく分けてみることができる。

前者(1)の場合，コンピュータとの関わり方をみると，①手段としての役割，②内容としての役割に分けられる。

手段としての役割には，教師が教えることを代行する，教師が情報を提示する，児童生徒が自分の学習やコミュニケーションの手段として活用するなどがある。

内容としての役割には，コンピュータについて理解し使いこなす能力(コンピュータ・リテラシー)を育成する学習，コンピュータそのものについての学習，プログラミングの学習などがある。

後者(2)の場合，①知識を得たり，課題解決のために役立てる情報(学習情報)，②授業の改善・効率化のために活用する情報(指導情報)，③学校運営上必要な文書・帳簿類(経営情報)といった「教育情報」が対象となる。

具体的に取り上げてみると，「学習情報」に関しては学校図書館の資料データ(図書資料，視聴覚資料，コンピュータソフトウェアなどのデータ)があり，「指導情報」に関しては教育課程や指導計画，指導案に関するデータ，教材や授業に関するデータ，成績など学習指導・生徒指導に関するデータなどがある。これらの情報をコンピュータで管理し，授業活動や生徒指導に活かすことになる。

2. コンピュータの教育利用の変化

コンピュータ技術の進歩は秒進分歩である。この急テンポの進展に対して教育がどう対応し授業活動にコンピュータをどう位置づけるか，古くして新しい問題である。この問題を考えてみるためにコンピュータ元年と言われた1985年以降の動向を振り返ってみることにする[8]。

教育におけるコンピュータ元年　1985(昭和60)年は教育における「コンピュータ元年」と言われる。文部省が約20億円の予算で全国の小・中・高等学校へのコンピュータ導入を本格的に図った最初の年だからである。

当時は「コンピュータ教育とは何か」が活発に議論された。「コンピュータを教える教育だ」とか「コンピュータによる(を通しての)教育」，あるいは「コンピュータについての教育」などとさまざまな主張がみられた。

全体的にみると，2つの流れがあった。1つは〈内容的側面〉でコンピュータ(システムや操作法，プログラム言語)についての学習であるとする捉え方である。他の1つは〈方法的側面〉でコンピュータ支援の「CAI による学習」である。早くから CAI (Computer Assisted Instruction)がコンピュータ教育と呼ばれていたからである。

やがて，1987年頃になると「情報教育」ということばが登場した。その中身である「情報活用能力」とは何かについての議論が始まったのである。

「情報活用能力」というのは「コンピュータ・リテラシー教育のことだ(コンピュータについての教育)」とか，「コンピュータ言語(特に BASIC)の教育だ」という主張が強かった。一方では，CAI 教材の編集用ソフト(オーサリング・ソフト)が機種ごとに開発され，教師の手による自作 CAI 教材の開発が進められた時期でもある。

知的道具としての利用　ところが，1990年頃になるとワードプロセッサ（ワープロ）や表計算ソフト，データベースソフトなどの「基本的応用ソフトウェア」が相次いで開発・販売され始めた。

　これまで開発してきたCAI学習ソフトウェアは教師主導型である。これに対してワープロや表計算ソフトウェアを利用すると子ども中心の学習活動が展開できる。このようなコンテントフリーなソフトウェアによる「知的道具としての利用」こそがコンピュータ教育だとする風潮が高まったのである。

　こうしてコンピュータ教育の代名詞とされてきた「CAI学習」は急速に下火になっていった。

自己表現の道具　道具的利用の実践がようやく緒についた1994年になると，「マルチメディア」が産業界の影響を受けて教育界でも支配的になった。マルチメディアによる「自己表現の道具としての活用」こそ情報活用能力を伸ばす利用法だという主張が主流になった。「創出表現型学力」とか「操作活用型学力」という目新しい造語に魅せられて，コンピュータ教育の風向きが変わったのである。

　皮肉にも，ようやく市販のCAI教材の種類も増えた時期である。ところが，学校現場では「お絵かきソフト」による絵日記づくりやマルチメディアによるプレゼンテーションなどにコンピュータ利用の主流が移動し，CAI学習はコンピュータの教育利用では「よくない」方法とされるに至ったのである。

インターネット元年　だが，自己表現の道具としての利用法が定着しないまま，やがて1996年になると「教育におけるインターネット元年」と言われ，コンピュータを「情報の受発信の道具として活用」することこそが情報活用能力の中核だとする風潮が急速に広がってきた。

　とりわけ1998年頃からはインターネットを「調べ学習」に利用す

る実践が目立ち始めた。さらには,「総合的な学習」で資料調査や情報収集に活用したり,他校への情報発信の道具として利用し始めたのである。

このように,コンピュータを資料収集などの調べ学習に利用したり,集めた情報を加工して発表したり発信したりする道具として位置づける方向が強まったのである。

以上みてきたように,ここ15年余りのコンピュータをめぐる教育は激しく変転し,それぞれの利用方法が定着しないままに消滅し,教育が情報技術の変革の流れに組み込まれてきたことは否定できない。コンピュータの普及は著しく進展したが(図表5-11),操作できる教師や指導のできる教師は伸び悩んでいる(図表5-12)。まさに教育が需要を引き出す「デマンドプル」ではなく,技術が教育を押し込む「テクニカルプッシュ」の連続で,「授業」にとっては決して好ましい状況ではない。

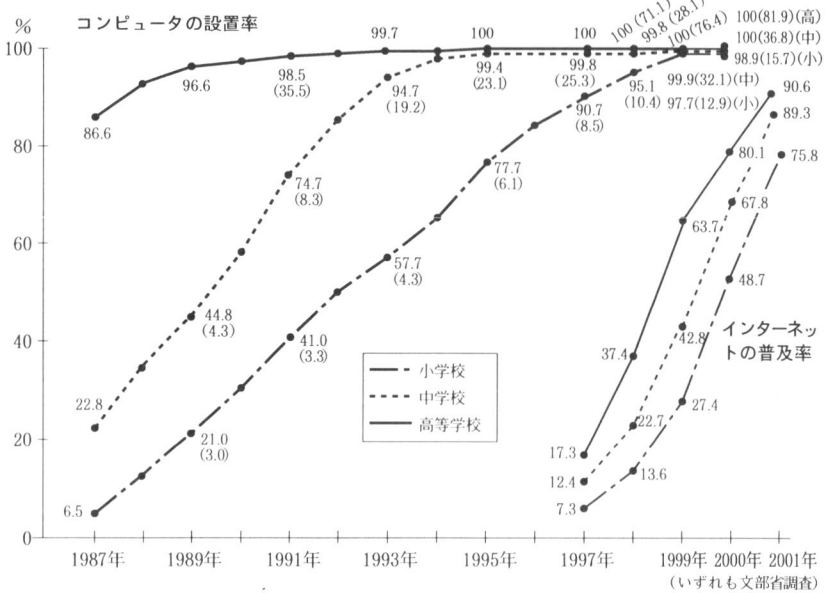

図表5-11 コンピュータ設置率の推移（カッコの中は1校当たりの平均台数）

図表5-12　コンピュータで指導できる教員の内訳　2000年3月現在

			合計		国語		社会		数学		理科	
中学校	教員数(A)	割合	234,636人		30,699人		27,744人		29,395人		26,567人	
	指導できる教員数(B)	(B/A)	69,642	29.7%	5,305	17.3%	7,656	27.6%	13,947	47.4%	13,402	50.4%
高等学校	教員数(A)	割合	202,796		25,287		23,615		23,540		20,549	
	指導できる教員数(B)	(B/A)	57,074	28.1	2,730	10.8	3,132	13.3	8,693	38.1	7,292	35.5
特殊教育諸学校	教員数(A)	割合	53,378		3,093		3,743		1,832		1,944	
	指導できる教員数(B)	(B/A)	10,926	20.5	610	19.7	847	22.6	751	41.0	822	42.3
合計	教員数(A)	割合	490,810		59,079		55,102		54,767		49,060	
	指導できる教員数(B)	(B/A)	137,642	28.0	8,645	14.6	11,635	21.1	23,661	43.2	21,516	43.9

			音楽		美術・芸術		技術		家庭		家庭(高)	
中学校	教員数(A)	割合	13,549人		11,533人		10,426人		8,691人		−人	
	指導できる教員数(B)	(B/A)	2,565	18.9%	2,931	25.4%	9,553	91.6%	2,429	27.9%	−	−%
高等学校	教員数(A)	割合	3,002		4,295		−		−		6,784	
	指導できる教員数(B)	(B/A)	435	14.5	539	12.5	−	−	−	−	1,526	22.5
特殊教育諸学校	教員数(A)	割合	1,895		1,802		688		761		645	
	指導できる教員数(B)	(B/A)	306	16.1	362	20.1	318	46.2	126	16.6	92	14.3
合計	教員数(A)	割合	18,446		17,630		11,114		9,452		7,429	
	指導できる教員数(B)	(B/A)	3,306	17.9	3,832	21.7	9,871	88.8	2,555	27.0	1,618	21.8

			体育・保健体育		外国語		職業教科・科目		養護・訓練等		その他	
中学校	教員数(A)	割合	26,212人		28,552人		−人		−人		21,268人	
	指導できる教員数(B)	(B/A)	3,743	14.3%	5,943	20.8%	−	−%	−	−%	2,168	10.2%
高等学校	教員数(A)	割合	22,434		28,574		36,220		−		8,496	
	指導できる教員数(B)	(B/A)	1,558	6.9	4,304	15.1	25,847	71.4	−	−	748	8.8
特殊教育諸学校	教員数(A)	割合	3,502		1,367		1,451		8,781		21,874	
	指導できる教員数(B)	(B/A)	474	13.5	351	25.7	562	38.7	1,656	18.9	3,679	16.8
合計	教員数(A)	割合	52,148		58,493		37,671		8,781		51,638	
	指導できる教員数(B)	(B/A)	5,775	11.1	10,598	18.1	26,409	70.1	1,656	18.9	6,595	12.8

3．コンピュータを利用した学習活動

学習指導要領にみるメディア活用　平成10年版学習指導要領(中学校)の総則(第6，2(9))では「各教科の指導に当たっては，生徒がコンピュータや情報通信ネットワークなどの情報手段を積極的に活

用できるようにするための学習活動の充実に努めるとともに，視聴覚教材や教育機器などの教材・教具の適切な活用を図ること。」と述べている。

　注目したいのは，「生徒」がコンピュータや情報通信ネットワークを「積極的に活用」できるような「学習活動の充実」を強調していることである。

　高等学校もほぼ同様の内容で記述されており，小学校でも「児童がコンピュータや情報通信ネットワークなどの情報手段に慣れ親しみ，適切に活用する学習活動の充実〜」と書かれている（いずれも「総則」）。小・中・高等学校すべての校種について同趣旨の内容になっているのである。

　これらの文言は，平成元年版の学習指導要領では見られなかったもので，今回が初めてである。これからの学習指導において，いかに「コンピュータや情報通信ネットワークの活用」を重要視しているかその意気込みが感じられる。

　文部省編による『中学校学習指導要領解説—総則編—』（平成11年9月）で，上記の項目の解説をみると「情報社会に主体的に対応できる能力や資質をきちんと身に付ける」ためには，コンピュータや情報通信ネットワークを目的的に活用できる能力が必要だというスタンスで書かれている。

　例えば，総合的な学習における学習課題の追及過程での活用や，体験を知識レベルに高めるための「より進んだ活用」について触れている。加えて，「ネットワーク上のルールやマナー，個人情報，プライバシー，著作権等の配慮」の必要性についても「具体的な場面に遭遇する都度，適切な指導を行うことが望ましい」と述べている。

　また，児童生徒による活用だけでなく「プロジェクターや書画カメラなどの組み合わせ」によって，教師の指導を「円滑かつ効果的に」進めるための「活用」も考えられると記述している。

コンピュータや情報通信ネットワーク活用に当たっては，まずは学ぶ心理に立って，児童生徒の活用による学習活動の充実を念頭に置く必要がある。そのためには，いかにして目的的な活動が展開できるか教師側の慎重な検討と準備が必要になる。時には，教師がコンピュータやインターネット等を利用して効果的な指導をするなどの工夫もしたいものである。教師が上手に使う見本を見せれば学習者の使い方も上達する。

「確かな学習」による学習活動の充実　平成10年版学習指導要領では，「児童(生徒)が学習内容を確実に身に付ける」や「個に応じた指導」(小・中・高等学校)とか「学習内容の習熟の程度に応じた」(中・高等学校)などの文言に見られるように，基礎・基本の確実な定着を目指した「確かな学習」に強い期待がかけられている。

　この期待にコンピュータ活用がどう応えられるか。

　コンピュータの教育利用を振り返ってみると，その導入の「原点」は，CAIによる個別学習にあった。それはすべての学習者が目標に到達できる「確かな学習」にするためであった。だが，いつしかCAIへの情熱がすっかり冷えてしまった。

　現在はマルチメディアの時代である。以前と同じようなCAIにはならないが，その

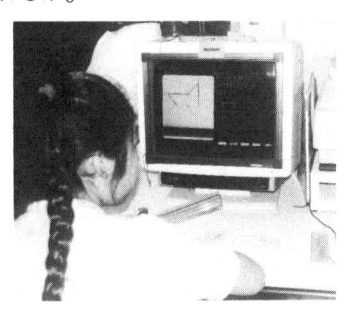

CAIによる学習

利用について改めて検討し直してみる必要がある。CAI学習のよさは，基本的には一人ひとりが，自分のペースで，納得の行くまで，繰り返しながら「じっくり」学習できるところにある。確かな学習による「学習活動の充実」にある。

　確かな学習のためのCAI教材の典型はドリル様式とチュートリアル様式の学習ソフトウェアである。両者はそれぞれ特徴があって利用場面は異なるが，例えば，単元の最終段階で，学習者の自己評

価を含めて学習内容の深化を図る場合は，ドリル様式のCAI教材(現在は市販のほとんどがマルチメディア化している)が最適である。

　利用環境として，学習者1人ないし2人で1台のコンピュータが使用できるような学習活動を組織する。各学習者に学習の進行や活動に責任を持たせ，自分のやり方で最後までやり遂げるよう指示する。教師は相談者に徹する。

　こうした条件の中でCAI学習を行うと，「個に応じた」しかも「習熟の程度に応じた」展開になり，一人ひとりに「確かな」学習の定着を保障する授業が実現できる。

学習課題への興味・関心を喚起　教科学習では，学習課題を把握させる導入段階で，動機づけに「拡散的発問」をしたり，OHPやVTRなどを利用して「疑問」や「驚き」を持たせるなど，意欲の喚起にさまざまな工夫がなされている。

　その際，実際の現象や事実の提示だとOHPやVTRが有効であるが，目に見えない現象とかモデリングして想像力を働かせるような事象だと，コンピュータのシミュレーション機能が優れている。

　あるいは，マルチメディア教材(CD-ROM)を用いて効果的な演示をしたり，インターネット等を利用してリアルタイムで遠隔地と交信してホットな情報を収集して提示したりできる。コンピュータやインターネットを活用すると学習者にとって意外な情報や予想もできないナマの生きた教材が入手できる利点がある。

　教室のコンピュータがLAN等で結ばれているシステムだと，それぞれのコンピュータに一斉に提示してもよいが，学習課題の把握のように全員で検討しながら捉えていく活動では，コンピュータを大型のディスプレーに接続して大写しし，興味・関心を喚起しながら意見交換のできる活動形態が望ましい。さらにOHC(書架カメラ)などと組み合わせて活用すると，いっそうの効果が期待できる。

学習課題の主体的な解決活動　　総合的な学習では主体的な課題研究や問題解決的な学習をきわめて重視する。それは教科学習でも同様で，学習者の課題解決に向けての積極的な追究活動を授業に取り入れることが肝要である。

　この課題の追究や解決活動にきわめて有効な手段になり得るのが，コンピュータやインターネットである。たとえば，画像データベースなどのマルチメディアをグループや個人で活用すると，さまざまな情報を多角的に検討できるし，表計算ソフトや計測制御ソフトウェアを用いて事象を図表化して整理したり，シミュレーションで現象をモデル化して考察したりできる。

　あるいは，桜の開花情報を全国ネットで情報交換して調べたり，酸性雨などの全国的状況をインターネットで受発信して調べてみるなど，設定した課題の解決をダイナミックにかつ多角的に追究していくことが可能になる。

インターネットでメールの交換
（埼玉県熊谷市立籠原小学校）

　大切なのは，追究過程における調査活動で，1つの情報で満足するのではなく，いくつかの情報を入手して比較検討したり，1つの方法による調査だけでなく，いくつかの違った調査方法を用いて比較したり，メディアの違いによる情報内容の類似や相違を検討したりすることである。多種類のデータ収集や集積活動に終わらないで，いかに知識レベルを高めていくかが肝要である。問題解決はきわめて知的な活動であることに留意して活用する必要がある。

成果の表現・伝達活動　　問題解決的な学習では，調査し探求し検討した結果や成果を，いかにして分かりやすくまとめ，それを第三者に伝達するか，その知的内容の表現力と伝達力が問われることになる。

マルチメディアで発表学習
（東京都豊島区立目白小学校）

模造紙やOHPシートあるいはVTRにまとめ，メディアの特性を生かして効果的に発表することも大切であるが，その際にコンピュータを用いると，どんなプレゼンテーションが可能になるだろうか。

1つには，マルチメディアの利点が生かせることである。

「マルチメディア」とは「音声・文字・映像などの情報を，学習者又は指導者が必要に応じて選択し，関係づけ，活用することができる融合型のメディア又は技法」である。

つまり，文字，図，写真や音声あるいは映像などを組み合わせ融合して表示できるのである。工夫の余地が大きく，かなり自由度の高いプレゼンテーションができるのである。

2つには，遠隔地にも発信できる利点がある。

調査や探求の結果を検討して得た成果をまとめてホームページに掲載すると，空間的・時間的な制約を超越して，どこでも，誰でも，いつでも見ることができる状態になる。これまでのメディアでは実現しなかったインターネットの特性である。インターネットは「共振するメディア」と言われるように，ホームページを見て共振した人からメールが返ってくることがあるが，これもこれまでは経験できなかった出来事である。

共振した人が，誰であるかはっきりしない場合もある。自分の身分を名乗ったとしても本人である確証はないからである。どこの誰であるか年齢も職業も性別もはっきりしない，そういう相手に向けて自分（達）の学習成果を発信するような表現活動はインターネットが初めての試みである。

学習活動における留意事項　コンピュータやインターネットを学習活動に利用する場合，これまでのメディア活用の場合以上に留意

しなければならないことがある。

　まず第1に，他人の著作物を無断で使用したり，ソフトウェアなどを勝手にコピーしたりしないことである。

　スキャナー(scanner)の発達により，絵や図画，写真あるいは文字などの情報を読み取ってコンピュータで処理することが容易になった。だが，市販の雑誌の写真や書籍の図表などを無断でスキャナーで取り込んでホームページに載せたりすることは許されない行為である。

　また，ソフトウェアは比較的コピーが容易で，いくらコピーしても劣化しない特性がある。そのため気安くコピーしがちであるが，たとえ悪意がなくても勝手にコピーする行為は著作権の侵害になる。自分の著作物を大事にするとともに，他人の著作物を尊重する姿勢が大切である。

　第2には，個人情報を扱う際には慎重な姿勢が必要である。

　匿名で発信できるからといって，他人を誹謗・攻撃することは論外である。また善意であっても個人名をホームページ等に掲載することは避けるようにしたい。

　特に，子ども達がお互いに自分達の顔写真を掲載したり，実名を挙げて個人紹介をホームページに記載することはプライバシー保護の立場からみて問題があり，慎むような指導が大切である。

　第3に留意したいのは，ネット上でのルールやマナーを逸脱しないことである。以下，ルールやマナーを列挙しておきたい。

　怪しいホームページにはアクセスしない。自分のパスワードは誰にも教えない。他人を不快にするような感情的なメッセージは送らない。反社会的な内容のメールには返事をしない。メールの最後には自分の身分と名前を明らかにする。相手から迅速な返事は期待しない。返事はなるべく簡潔に書く。不正なアクセスはしない。発売が禁止されている商品は購入しない等々である。

CAI学習ソフトウェアの諸様式

「CAI」というと，コンピュータの表示画面に「問題」が提示され，それに対してキーボードやマウスで「回答」すると，「正解か誤答」の情報が返ってくる。それを繰り返していく学習方法であると思い込まれている。CAIがドリル学習の「電子紙めくり機」と誤解されている。

CAIでどのような学習ができるかは，その学習ソフトウェア(コースウェアと呼ぶ)の様式(mode)によって決まってくる。練習問題を解いていくような形態のドリル学習とは限らないのである[9]。

文部省社会教育審議会「教育メディア分科会」は『教育用ソフトウェアの開発指針』(1985年12月11日)の中で，次のような6つの様式を挙げている。それぞれの特徴についてまとめておくことにする。

①ドリル・演習様式(Drill and Practice mode)

学習者に「繰り返し練習する課題を与えて，学習者が技能を高めたり，記憶を定着させることをねらうタイプ」である。ヒントを求めたり，記録に残しておくことができる。

②チュートリアル様式(Tutorial mode)

「教師が生徒を個人教授するように，コンピュータが課題や説明を加え，学習者がそれに応答しながら，系統的に学習を進めるタイプ」で，学習者の反応によってプログラムがいくつかの枝分かれをし，学習者個々人の反応状況に対応した学習が可能なところに特徴がある[10]。

③問題解決式様式(Problem solving mode)

「問題状況やそれに対する仮説などをコンピュータが提示し，シミュレーションを加えることなどによって学習者に考えさせ，問題解決をさせようとするタイプ」で，試行錯誤を繰り返しながら思考を深める学習ができる。

④シミュレーションとゲームの様式(Simulation and game mode)

「実際には観察できにくい事象や，条件によって変化する事象などを条件を与えながら模擬的に提示したり，学習ゲームの要素を加味したタイプ」である。マルチメディアによってリアル感のある学習ができるようになった。

⑤情報検索様式(Inquiry mode)

「様々なテーマに関する事実や資料などを，百科事典を引くような形で情報検索しながら学習を進めるタイプ」である。マルチメディアによって，写真や絵図などがデータベースとして豊富に取り入れられており，調べ学習などで利用できる。

⑥その他，「文章の構成や，絵画的，音楽的な表現活動などに利用するタイプ」の様式。

第3節 コンピュータ利用と情報教育

1. コンピュータ利用と情報活用能力

情報活用能力と情報教育　「情報活用能力」ということばは、かつて臨時教育審議会が第二次答申(1986年4月)の中で使用した用語である。「情報リテラシー」とも呼ばれ、「情報および情報手段を主体的に選択し活用していくための個人の基礎的な資質」と定義された。

　だが、これでは内容がよく分からない。そこで文部省において検討されることになった。「情報活用能力」の内容は1987年の文部省(当時の協力者会議)の文書『初等中等教育における情報化への対応について』の中で明らかにされることになった。

　その中で「情報活用能力」は、情報の判断・選択・処理や伝達能力、情報社会の特徴や社会的影響、情報モラルなどを含むとし、図表5-13の左欄に示すように4つに分けて概念規定を行った。

　以来、この4つの項目(柱)が情報教育の内容として扱われてきたのである。つまり、「情報教育＝情報活用能力の育成＝4つの柱からなる内容」という図式で捉えられることになったのである。

　だが、実際には「情報活用能力」という語感からか、コンピュータを用いて情報を選択・収集し、処理(分析や生成)し、伝達(表現や発信)する能力とする解釈や捉え方の実践がほとんどで、文部省の捉え方は必ずしも順調に浸透しなかった。

情報教育の目的と内容　こうした現状の打破と情報教育の新たな進展を図ったのが、1997年10月の文部省の協力者会議の報告書『体系的な情報教育の実施に向けて(第1次報告)』とその『最終報告』(1998年)である。この2つの文書では先の「情報活用能力」の内容

図表 5-13　情報教育の捉え方
1987年の「情報活用能力の4つの柱」と1997年の「情報教育の目標」

[昭和62(1987)年9月文書]

ア．情報の判断，選択，整理，処理能力及び新たな情報の創造，伝達能力の育成

イ．情報化社会の特質，情報化に対する影響の理解

ウ．情報の重要性の認識，情報に対する責任感

エ．情報科学の基礎及び情報手段(特にコンピュータ)の特徴の理解，基本的な操作能力の習得

[平成9(1997)年10月文書]

① 情報活用の実践力：課題や目的に応じて情報手段を適切に活用することを含めて，必要な情報を主体的に収集・判断・表現・処理・創造し，受け手の状況などを踏まえて発信・伝達できる能力

② 情報の科学的な理解：情報活用の基礎となる情報手段の特性の理解と，情報を適切に扱ったり，自らの情報活用を評価・改善するための基礎的な理論や方法の理解

③ 情報社会に参画する態度：社会生活の中で情報や情報技術が果たしている役割や及ぼしている影響を理解し，情報モラルの必要性や情報に対する責任について考え，望ましい情報社会の創造に参画しようとする態度

を情報教育の目的という視点で見直し，図表5-13の右欄に掲げるように「情報活用の実践力」，「情報の科学的理解」および「情報社会に参画する態度」の3項目に整理し，目標として設定したのである。

　①の「**情報活用の実践力**」では，課題解決のねらいや目的に即した情報手段の活用能力の育成や，目的の遂行に必要な情報の収集や処理など情報の利活用に関する能力の育成を目指している。

　これは1987年文書のア．の内容を充実させたものだとしているが，この情報活用の実践力は，まさに主体的な問題解決能力のことであり，学習指導要領が強調する「生きる力」の源泉だと言ってよかろう。

　したがって，広く各教科等の学習指導や総合的な学習の中で育成していかなければならない能力であり，教科目標や内容と一体になって初めて意味を持つ。情報教育固有の目標とは必ずしも言えない。

　②の「**情報の科学的な理解**」では，科学としての「情報」に関

する学問の基礎的内容の理解を目標にしている。

「情報」と言えば「コンピュータ利用」と捉えがちだが,それは一部分である。大切なのは,人間にとって情報とは何か,情報はどんな機能を持ち,どんな特性があるかなど,情報に関わる学問(情報学)の基礎的内容(理論)をしっかりと把握させることである。

1987年文書のエ.を充実させた内容だとしているが,「情報」に関する科学的内容や情報手段の特性の理解など,情報教育として重要な基本的内容の習得を目標として明記していることに注意したい。

③の**「情報社会に参画する態度」**では,前半で,情報技術が果たしている役割や及ぼしている影響の理解を,後半では情報モラルや情報に対する責任,社会参加への積極的な態度の育成をねらっている。

1987年文書のイ.とウ.を併せて1つの目標にしたとされているが,内容が盛り沢山で羅列的である。前半と後半は分けて別立てにした方がすっきりする。

情報社会の特質や影響の理解には,「情報」に関連した人文・社会科学分野(情報社会科学)の基礎的内容の学習が必要で,それに関しての明記がほしかった(1987年文書には不十分だがイ.に記述されている)。

新しい社会的技術(ここでは情報技術)には,いつの時代でも,光の部分(特質)と影の部分(負の影響)があるわけで,その知的理解に基づく鋭い洞察力の育成が大切である。

それが望ましい情報社会の積極面(創造)を考える力になるし,消極面(負の影響)を克服しようとする勇気をかき立たせ,社会参加への意欲や態度の育成につながるものである。そういう文脈で目標の意味を捉えたい[11]。

コンピュータ利用による授業の改善・充実　　授業におけるコンピュータ利用には2つの側面がある。1つは授業の改善・充実で,

教育方法レベルで捉えたコンピュータ利用である。もう1つは教科指導と情報教育との内容レベルでの統合である。

　前者は，従来の視聴覚教材や教育機器利用の延長線上での活用で，コンピュータを個別学習(例えばCAI学習)に利用したり，ワープロソフトを使用して文章を書いたり，お絵かきソフトを用いて絵を描いたりする。また，情報収集や情報の分析・加工にコンピュータを活用したり，あるいは簡単なシミュレーション機能を利用して事象のモデル化を工夫したりする。

　さらには，インターネットによる情報検索や電子メールによる自由な情報交換をしたり，遠隔地の人々とコミュニケーションを図って問題解決に役立てたりする。

　これらの利活用は，授業における学習の個別化や学習活動の活性化など，学習指導を改善し授業の充実を図るところにねらいがある。手段としてのコンピュータ利用であり，その良否や適・不適は教育方法レベルの問題(例えば教育工学における最適化の問題)として検討していくことになる[12]。

教科指導と情報教育との統合　　コンピュータ利用のもう1つのねらい(後者)は，各教科の指導と情報教育との内容レベルでの統合である。「情報」に関する内容を教科内容にどう取り込んでいくかである。

　例えば，コンピュータでデータ・資料の収集や情報の生成を扱う際に，それらの「情報」の意味や形態の違い，情報の働きや重要性についての認識を深めるような内容をどのように取り込んで，両者の統合をどう図るかである。

　あるいは，種々のメディアの選択を通じて情報手段や情報の特性を比較・検討させたり，情報社会の特質や影響について検討し理解させる学習を教科指導の中にどう取り込むかである。

　また，ホームページの作成・更新やインターネットによる情報の

収集や発信に際して問題になるのが個人情報の取り扱いである。「プライバシー」は大切にしなければならない，といった常識的な扱いでは意味がない。個人基本情報(氏名，住所など)とセンシティブな個人情報(思想・信条，経歴など)とはどう違うか，なぜ区別する必要があるか，などの知的理解が必要である。

さらには，電子メールの書き方(マナーやモラル)についての学習や，スキャナーの利用に際して，複写やコピーなど著作物に関する内容の学習をどう取り入れるかである。

このような意図をもったコンピュータ利用は教育方法レベルの問題ではない。内容レベルでの統合の問題として対応していく必要がある。このことを明確にねらった授業実践がようやくみられるようになった[13]。

これまで「統合」の問題があまり課題視されなかった理由として，コンピュータ利用即情報教育と捉える傾向が強かったこと，情報教育の内容面での理解や認識が乏しいこと，教科教育中心の授業づくりで情報教育を取り込むという発想が弱いこと，などが挙げられる。

1999(平成11)年3月告示の高等学校学習指導要領で，高等学校の普通科に教科「情報」(必修・2単位)が創設[14]されたが，小・中学校では今のところ「情報」という名称の教科は存在しない。各教科等の学習指導の中に情報教育の内容をどう取り込んで両者の統合を図るか，また総合的な学習の中で「情報」をどう扱うかが，問われている。

2．学習環境としてのメディア

学校図書館の活用　　学校図書館法(昭和28年制定)第2条によれば，「学校図書館」は，「図書，視覚聴覚教育の資料その他学校教育に必要な資料(以下『図書館資料』という)を収集し，整理し，及び保存し，これを児童又は生徒及び教員の利用に供することによって，学校の教育課程の展開に寄与するとともに，児童又は生徒の健全な教

養を育成することを目的として設けられる学校の設備」と定義されている。

　これからの学校図書館の持つ役割についても検討しておく必要がある。

　第1に，学校図書館は図書資料に代表される印刷メディア，視聴覚メディア，さらにはコンピュータやインターネットといったさまざまなメディアを備えた「メディアセンター」としての役割があるからである。

　「学校の教育課程の展開に寄与する」とあるように学校図書館のメディアは教師の教育活動および児童生徒の学習活動を支援するものでなければならない。教師に対しては，指導計画作成や教材研究のための参考資料，実際の授業で使う教材を提供することになる。また児童生徒に対しては，教科に関わる学習に応える資料，自らの抱く課題の解決に応える資料などを発達段階に応じて提供することができる。

　第2に，「メディアスペシャリスト（専門職）」として司書教諭が学校図書館に正式に位置づけられ，教師や児童生徒が学校図書館にあるさまざまなメディアに接する機会が増えることになる。

　教師に対しては，指導計画の立案，教材研究，授業の準備段階での情報・資料の提供，メディアの活用法の相談が可能になる。

　授業でチームティーチングにより児童生徒が学習のために情報や情報源を探す活動やメディアを使った活動を支援してもらうこともできる。

　第3に，学校図書館は「場」を提供する役割がある。

　情報ネットワークの発達により，多くの情報の提供やコミュニケーションが情報ネットワーク上で行われるようになると，学校

図書室で調べる
（埼玉県熊谷市立籠原小学校）

図書館は直接人と人とが触れ合う空間としての存在意義が生じてくる。

つまり，①授業の「場」，②児童生徒が課題を主体的に解決していく「場」，③情報活用能力を育成する「場」，④学校を離れても地域の社会教育施設を利用して学ぶ基礎を培う「場」，⑤同じ興味や関心を持つものが直接的にコミュニケーションができる「場」としての役割を担うようになると考えられる。

新しい学習環境　授業は教室という同一空間上に教師，児童生徒，そしてメディアが存在することを建て前としていた。しかし，メディアの発達により異なる空間での教育活動を可能にしようとしている。通信教育や遠隔教育と呼ばれるものである。最初は印刷メディアの教材を学習者に送り，学習者は指導者に対して課題を提出することでコミュニケーションを図り，学習を進めるという流通を利用した学習システムが主流であった。その後，放送の持つ特性を活かし，単一方向性という欠点を「流通」で補った学習システムも開発され，現在では，双方向コミュニケーションが可能なテレビ会議システムを利用した学習環境の研究開発も進んでいる。

このように，メディアは情報ネットワーク上に新しい学習環境を生み出そうとしている。ネットワーク上の電脳空間がコミュニケーションの場となり，電子図書館や博物館が情報活用の場となるなど学習の場が広がっていることに注目したい。

学習環境が多様化する中で，教室における「授業」の在り方について検討し直す必要が生まれてきている。

[引用・参考文献]
1）参照，西本三十二『放送教育新論—原理と実践—』㈶日本放送教育協会，1971年
2）古藤泰弘の大学での講義要領(1998年)より引用。初出は，古藤泰弘「教授＝学習過程のシステム化」(『教育システムの基礎研究』教育工学研究協議会，1972年，36－44頁)で，それを修正・追加したものである。

3) Lumsdaine & Glaser, *Teaching Machines and Programmed Learning*, a source book, Department of Audio-Visual Instruction National Education Association, 1960, pp.35-41

4) Lumsdaine & Glaser, *ibid*, pp.137-158

5) 1970年に公表された『CAI技術の動向』(日本情報処理開発センター)によると，CAIの典型的な形態は「電子計算機が学習者に問題を提示し，学習者は回答を計算機に与える。電子計算機は回答を検討しその正誤その他の事項を学習者に教える一方，それまでの学習経過を勘案して次に提示する問題を選定して学習者に示し，以下，上に述べたのと同様の経過を繰り返す。学習者の回答は即座に過去の学習経過に上積みされて以後の使用に供する」という一連のパターンであると述べている。

6) TP活用法の分類は，『図解・TPカラー百科』学習研究社，1976年による。

7) 文部省『情報教育に関する手引』ぎょうせい，1990年，68−77頁

8) コンピュータ利用の変化については，古藤泰弘ほか『インターネットで総合的な学習を立ち上げる』明治図書，1999年の28−29頁の内容に加筆した。

9) 古藤泰弘『CAI学習ソフトウェア設計の基礎』㈶才能開発教育研究財団，1988年，13−30頁参照。

10) チュートリアル様式の学習ソフトウェア(コースウェア)作成の手順と方法については，古藤泰弘『CAI学習ソフトウェア作成の理論と実際』㈶才能開発教育研究財団，1988年に詳細に記述されている。作成の手順を，学習主題の決定(第1段階)―学習コースの設定(第2段階)―学習活動の基本設計(第3段階)―学習活動の組織化(第4段階)―コースウェアの入力(第5段階)の5段階に分けて記述している。

11) 古藤泰弘「情報教育の実践化」高階玲治編『実践・総合的学習(中学校編)』図書文化，1998年，116−121頁

12) 古藤泰弘「情報教育カリキュラム実践における検討課題」『川村学園女子大学研究紀要』第10巻第2号，1999年，1−23頁

13) 例えば，相模原市教育研究所研究集録『平成10年版 小中学校における情報教育推進のための実践研究』1998年6月，埼玉県大宮市立指扇小学校の研究発表会(1998.2.6)，青森県八戸市立小中野小学校のコンピュータ教育利用研究発表会・公開授業(1998.10.9)，東京都豊島区立目白小学校の研究発表会・公開授業(1999.10.15)などが挙げられる。また江原武司『生きる力の育成を目指した情報教育の在り方に関する研究』1999年3月や，仲久徳・関根達郎「教科教育と情報教育の統合に関する研究開発(2)」第11回日本教材学会研究発表(1999.11.6)など注目すべき研究がある。

14) 教科「情報」は，情報A，情報B，情報Cの3科目編成である。例えば，情報Aの主な内容は，(1)情報を活用するための工夫と情報機器，(2)情報の収集・発信と情報機器の活用，(3)情報の統合的な処置とコンピュータの活用，(4)情報機器の発達と生活の変化である。

これに対して，情報Cの主な内容は，(1)情報のディジタル化，(2)情報通信ネットワークとコミュニケーション，(3)情報の収集・発信と個人の責任，(4)情報化の進展と社会への影響となっている。

以上の文献以外にも下記の文献を参考にした。
坂元昂・古藤泰弘『教育の情報化と情報教育の展開』㈶才能開発教育研究財団，1991年
教育技術研究会編『教育の方法と技術』ぎょうせい，1993年
白鳥元雄，高桑康雄『新訂　メディアと教育』日本放送出版協会，1999年
浅野孝夫，堀江固功編『新視聴覚教育』日本放送教育協会，1992年
教育工学研究協議会(編者代表・古藤泰弘)編『個性を生かす教育メディア』㈶才能開発教育研究財団，1990年
坂元昂『教育工学の原理と方法』明治図書，1971年
全国教育研究所連盟編『だれもが身につけたいコンピュータの授業活用』ぎょうせい，1995年
図書館教育研究会『新編学校図書館通論　改訂版』学芸図書，1992年
渡部信一，古賀節子編著『メディアセンター論』日本放送出版協会，1998年
文部省『学校図書館指導資料1　小学校，中学校における学校図書館の利用と指導』ぎょうせい，1983年

結　章　授業における"脱線"と"創造"を考える

　　子どもにとっても教師にとっても学校生活の中心は授業である。教師と学習者が「心」を通じ合う最大の「場」は授業である。授業における活動空間こそが教師と学習者との人間関係を築いていく成否を握っているのである。
　　その授業で，"脱線"したり，予期しない事態を"創造"で乗り切れる。教師にそういう教育力（授業力）が身につくと学習者との「心」の絆はますます深まっていくのである。幸いにも，ここ2～3年，そういう優れた授業実践のいくつかをみてきた。
　　だが，ひと頃ほど，脱線する授業とか，創造のある授業という言葉を耳にしなくなった。なぜだろうか。個別やグループ形態による調べ活動が多くなり，"脱線"が恒常化してきたためだろうか。学習指導案づくりがあまり重視されなくなったことと関係があるのだろうか。
　　学習者と教師との「心」の絆を深めていく。そのためには，授業における"脱線"や"創造"は重視されなければならない。それが学習指導案作成とどう結びつくのか。二十一世紀に生きる子ども達のための，授業づくりの在り方や授業研究の方向も含めて検討しておきたい。

　　未来を信じての実践　　学習は未来に向けての準備である。授業は未来に生きる子どもの成長を願い，未来に対する信念に基づいて実

践する計画的で意図的な営みである。

　未来を描きながら，将来よりよく生きるためには，どのような能力や知識，技能あるいは情意が必要か，そのためには今どんな準備をしておかなければならないか。未来を想定し，その予測を信じて授業の計画をたて実践するのである。

　したがって，授業は価値観を内包する。信念に裏打ちされた教育的価値の実現を目指して授業の構想を立てるのである。確固たる信念がなければよい授業はできない。信念や価値観が欠如すると学習者にとって魅力のないつまらない授業になる。

　だが，反面では，そこに怖さがある。授業による学習者の心身への影響力には計り知れないものがあるからである。その怖さと責任を厳粛に受け止める謙虚さがなければならない。

　教師は，自分の信念や価値は常に正しく自己の指導には間違いがないと絶対視してはならない。先輩や同僚など周囲の意見に謙虚に耳を傾け，自己に厳しい意見を受け入れる柔軟さと自己修正する勇気を持たなければならない。その手がかりを提供し勇気を与えてくれるのが学習指導案である。

信念の証としての学習指導案　　学習指導案には，自分の信念や実現したい教育的価値を明らかにしており，それに向けて授業をどう展開するか，授業のやり方（方略）を具体的に記述している。教授の心理や授業観がもっとも端的に表現される文書である。

　つまり未来に向けての信念の証として具体化した文書が学習指導案である。信念の証を文書化するのは，先輩や同僚など他者の目に晒し，貴重な意見や忠告を具体的に拝聴するためである。学習指導案は他人からの厳しい意見や反論を取り入れ自己研鑽（追加や修正）に役立てるために必要な文書だ，と言ってもよい。

　自己流の判断による弊害を回避し，未来への信念に対して裏づけを与え，自信を深めるとともに謙虚な姿勢で授業に取り組むための

前提条件なのである。単元についての教材観や指導観あるいは学習者観を明らかにし，実現したい教育的価値を目標に盛り込み，その展開の過程を学習活動と教師の指導活動を中心に詳しく記述しているのは，以上のような役割が有効に果たせるようにするためである。

　きめの細かい指導案を作成すると，それに拘束されてしまって型にはまった，しかも教師主導の授業に陥ってしまう，という疑問を呈する人がいる。それは学習指導案の本来の趣旨の無理解から生じる愚問であり，授業実践の在り方と混同した議論である。

「共創」作業のすすめ　教師個人の偏見や独断を回避する方法として複数の教師が協力し共同して学習指導案を「共創」する。とりわけ「共創」の時代だからというわけではないが，独力で作成するには相当な根気と労力を必要とするし，学ぶ心理からの検討が欠落しがちである。作成者が情報を共有しながら1つの目的の実現のため共同して行う(創造する)ことは望ましい方法である。今後ますます重要になる。

　もっとも，「共創」の前提条件として大切なのは，一人ひとりの教師が主体性を持ち，「共創」作業で発揮できる優れた知的能力を持っていなければならない。他力本願や従属的参加だと「共創」は成り立たない。また，意見を戦わせながらも相互に謙虚に受入れて「共感」する心がなければ成功しない。

　「共感」する心があれば，「共創」作業を進める中で，各人のものの考え方が深まり捉え方が多面化する。それだけでなく，教師一人ひとりの責任が自覚され，「共存」する態度が育成され，全体として協力体制が強固なものになってくる。

　教師集団にこのような協力体制が出来上がると，経験的に言えることだが，その相乗効果として学習集団にも良好な人間関係が生まれ，「学ぶ」心理にも変化が生じ，協力的な学習習慣が形成されてくるのである。「共創」による学習指導案づくりの波及効果として

も注目したい。

「脱線」の意味を考える　よく言われることだが,「脱線」できる授業ができるようになったら,教師としての専門性にかなりの磨きがかかったと考えてよい。予測もしない局面に遭遇しても「創造」で乗り切れるような教育力(授業力)が身についた証だからである。

だが「脱線」とは何だろうか。「無軌道」とどう区別しているのだろうか。美化されたいわゆる「脱線」論議には注意する必要がある。

というのは,きめの細かい綿密な学習指導案を作成して授業に臨むと,それに拘束されて筋書き通りの授業になってしまい「脱線」できなくなる。だから学習指導案は略案で概要にとどめるべきで,「脱線」は教師の「腕」しだいであり,むしろ筋書きの「無い」方が「脱線」しやすくなるという。

「脱線」というのは,その漢字が意味するように,本来「筋書き」があって,その筋書きから外れることを意味する。「筋書き」が曖昧だったり,もともと存在しないところでは「脱線」は起こり得ないのである。「無軌道」のところでは脱線は生じないのである。

教師のその場での,筋書きのない場当たり的な「脱線」は,教えの心理の横暴であり,無責任である。

脱線の「源泉」は何か　ここで,改めて「筋書き」のつくり方を考えてみたい。その作業は,教育的価値(目標)の実現のために,ドラマのシナリオを書いているようなものである。大道具や小道具の効果的な使い方を検討し,一人ひとりの学習者(役者)が特性を発揮できる場面や活動(学びの心理)を想定していく。

ドラマには山場が必要だし,強弱・高低の変化も大切である。葛藤の場面もなければならない。こうした諸条件を頭に入れて総合的に計算し全体の流れをつくり上げるのである。第4章で紹介した

子どもと「創る」授業(1)
(埼玉県熊谷市立籠原小学校)

子どもと「創る」授業(2)
(神奈川県相模原市立淵野辺小学校)

「指導と評価の系列表」や「振り付け表」の設計は,まさにこのドラマのシナリオづくりそのものである。

ところが,現実は厳しい。どんなに周到な準備をして授業に臨んでも,すべてがシナリオ(学習指導案)の筋書き通りに行くとは限らない。筋書きから外れたりアドリブが入ってくる。咄嗟にそれができるのは,教師に自信と余裕があるからである。学ぶ心理に「共感」する心があるからである。

その源泉は学習指導案づくりに入念に取り組んできた労苦と知的蓄積にある。授業力が身についたのである。保守怠慢や点検不良で起こる事故的な「脱線」ではないのである。

脱線やアドリブがドラマの筋書きを損じるというよりも,むしろドラマに活性を与えるような自然体で入ってくる。この時に,はじめて「創造」という言葉を用いることができるのである。そんなに生やさしく口にすることができる言葉ではない。

学習指導案に拘束されて脱線できないというのは,学習指導案を作成しない理由の言い訳か,学習指導案の性格や意義の認識不足によるものであると考える。

未来への財産　学習指導案は実践され検証されて新しい教育価値が付加される。学校には教育財産がないと言われるが,学習指導案

は貴重な未来のための財産である。

　授業実践という厳しい現実に供された学習指導案は修正を受け訂正され，注書きが加えられるなどの「検証」を経ると，当事者だけでなく広く共有の教育財産として利用価値が高まる。実践に役立つ有用なシナリオになるからである。ところが，なぜか，利用されやすい状態では保存されないのである。私物化され死蔵されるか使い捨てである。

　そのため，学習指導案づくりは多くの場合，ゼロからの出発である。過去の財産が生かされないまま，多くの労力が消失しているのである。学習指導案の拡大再生産がほとんど行われていないのが現状である。

　それには，メモ書き程度の自己流の試案で利用価値の低い指導略案が多いことにも起因する。どんなに数多くの指導略案を作成しても，実際の授業にあまり役立たないものであったり，授業検証に耐えられないものであったら，作成が徒労に終わるだけである。

　いつまでも教育財産として保存しておきたくなるような学習指導案は，1年間にそう沢山つくれるものではない。作成して実践し，検証して修正するまでの手続きを経て保存する。そういう密度の濃い実践は1年に3～4回で十分であると考える。

授業感を授業観に高める　　最後に授業研究の在り方について考えてみたい。研究授業の実施後には必ず授業研究会が開催される。その授業研究会の持ち方が形式化(形骸化)しているのである。

　通常は，司会者を決め，授業者の反省の弁(謙虚で簡単に)，授業観察者の質問(あまり無い)，続いて自由な意見交換(散発的)，指導者の講評(当たり障りのない)という式次第で進行する。

　この順序はよいとしても，授業者の弁の中にも参加者の意見にも，学習指導案に盛られた「仮説の検証」という視点からの論議がほとんど見られないのである(仮説の条件を備えていない場合もある)。

ある子どものある特定の言動の良否やメディアの使用法，教師のある場面での発問やその応答，あるいは施設・設備の問題など，文脈もないまま活動中心の「方策」レベルでの単発的な意見交換で終わる。授業の「方略」に対する意見・論議や，方略との関連で方策を取り上げて論議することはあまりないのである。これでは仮説の検証は望めないし，どこをどう，なぜ，修正・改善するのかが明らかにならない。

　授業者や参加者の「授業感」がしだいに「授業観」に高まっていく。そこに授業研究の意味がある。たとえ授業観は異なってもよい。価値観は違っても「共生」する知恵が大切だ。情報を共有し，学習指導案を「共創」できる知力と「共生」する知恵が，教師の授業力を高め，未来への財産を豊かにする鍵を握っていることを強調しておきたい。

索　引

あ

IEA　8
アイスナー　59
IT → 情報技術
アトキンソン　40
生きる力　65, 89, 97
移動的表示法　160
意図的用法　18
意欲　40
インターネット　175
VD　162
「動く掛図」論争　149
ウシンスキー　24
映像的スキーマ　33
ATI研究　72
S-O-R理論　37
LL　153
演繹型の展開　112
遠隔教育　165
演算機能　164
演示法　138
OHP　154
OS　165
オーサリング・ソフト　168
オーズベル　69
落ちこぼれ　86
オペラント行動　37
オルセン　148

か

外発的動機づけ　44
下位目標行動　124
　　──のグルーピング　132
カウンセリング　22
カウンセリング・マインド　22
科学主義的学力論　85
カガミ的利用　162
拡散的発問　56
学習意欲　41
学習活動の支援モデル　63
学習教材の型　114
学習形態　139
学習指導　47
学習指導案　97, 189
　　──の構成要素　101
　　──不要論　98
学習（指導）方法　138
学習指導要領
　　学習指導要領一般編（試案）（昭和22版）　81
　　昭和22年版学習指導要領（試案）　83
　　昭和33年版学習指導要領　83
　　昭和43年版学習指導要領　85
　　昭和43・44年版学習指導要領　83
　　昭和52年版学習指導要領　83
　　平成元年版学習指導要領　83
　　平成10年版学習指導要領　65, 83
　　平成10年版中学校学習指導要領の「総則」　25, 171
学習者観（児童観, 生徒観）　108
学習情報　167
『学習情報研究』　104
学習スタイル　72
学習能力としての学力　80
学習目標　121
学習要素　124
学力　77
学力低下　91
「学力」の階層（レベル）　79
「学力」の領域　78
学力標準検査　28
「学力」問題　77

195

画像データベース　175
課題分析　125
学級崩壊　10, 48
学校図書館　184
学校図書館法　184
カードサイン　59
ガニエ　69
簡易反応具　60
鑑識眼（connoisseurship）　59
感性的経験　148
完全習得学習　69
カンヅメ的利用　162
観点別学習状況　86
観点別学習達成状況　79
記憶機能　164
記号系メディア　146
記号＋物質メディア　146
技術的実践　51
技術とわざ　24
規準（criterion-referenced）　28
基準（norm-referenced）　29
基礎学力　76, 82
帰納型の展開　113
技能・能力的領域　35, 79, 120
キャスデン　48, 50
キャノン　41
教育工学　149
教育におけるコンピュータ元年　168
教育におけるパラドックス　26
教育の過程　66
教育の「現代化」　85
教育評価　28
教育評定　28
教育メディア　129, 151
教育用ソフトウェアの開発指針　178
教科指導と情報教育との統合　182
教科「情報」　183
共感的理解　23
教材　137
教材観　107
教材基準　137

教材・教具　137
教師の自己研修　99
教授・学習　47
共創　190
具体物提示法　159
クローンパック　72
KR（Knowledge of Results）　61, 150
「KR」情報　60
　情的KR　61
経験主義教育　81
経験の円錐　147
形式的陶冶　94
形成関係図　126
傾聴的な姿勢　22
系統的学力　84
系統分析型　72
ケーガン　72
研究授業　193
言語中心主義　146
言語的スキーマ　33
顕在反応（overt response）　59
行為的スキーマ　33
講義・説明（説話）法　138
構成主義　20, 45
構成選択法　60
合成分解法　156
行動（behavior）　37
行動主義心理学　37
行動のことば　39, 123
行動分析　125
行動目標　122
国際教育到達度評価学会　8
個人基本情報　183
個人差　71
個人情報　177
個性　71
個性化教育　70
個性を生かす　71
個に応じた　71
個別学習　69
個別学習器　153

コメニウス 23, 147
コンサルタント付探究 63
コンテンツ 57, 146
コンピュータ設置率の推移 170
コンピュータの基本機能 163
コンピュータ・リテラシー 167

さ

最初の発問 55
作業法 138
サンセット評価 29
サンライズ評価 29
CAI 69, 154, 168, 173
CAI学習ソフトウェアの諸方式 178
CD 162
シェフラー 18
支援 64
時間配分の検討 140
「刺激」情報 55
刺激－反応メディア 152
刺激－反応（S－R）理論 37
刺激メディア 151
自己解決能力 91
自己教育的学力 88
自己責任の原則 91
自己責任論的学力観 91
自己評価 61
司書教諭 184
実質的陶冶 93
実践的適用説 25
質的個人差 71-72
指導観 108
指導情報 167
指導と評価の系列表 135
　　——と振り付け 137
指導目標 34, 120
　　——の3領域 34
『指導要録』改訂（1980年2月） 86
『指導要録』改訂（1991年3月） 88
シミュレーション 175
　　——とゲームの様式 178

社会適応学力 91
社会的技術 182
ジャクソン 94
授業の「節目」 132
集団自動教授装置（Machines Assisted Instruction） 153
終末段階 133-134
授業 46
　　——が成立しない 48
　　——の構成要素 49
　　——の使命 47
　　——の捉え方 53
　　——の方略 92
授業研究 100
授業実践（plan-do-see）で勝負する 101
「授業展開」の記載項目 140
授業展開の表現形式 141
授業は「生きもの」 50
主題 112, 119
主体性 25
主題の指導目標 119
手段としてのコンピュータ利用 182
出力機能 164
受容的な態度 22
シュワブ 66
情意的領域 35, 79, 121
状況的学習論 44, 51
成就感 44
情報活用能力 68, 168, 179
　　——育成の授業 68
　　——の実践力 181
情報技術（IT） 13, 89
情報教育 88, 168, 180
情報検索様式 179
情報社会に参画する態度 181
情報の科学的な理解 181
ショーン 25, 51
資料分析 125
新学力観 87
新教育 76, 81
新行動主義 19

索引 197

――心理学　37
心的能力としての学力　80
新日本建設ノ教育方針　81
スキナー　37, 69, 153
スキナーボックス　37
スキーマ（schema）　32
　　――体系　33
スライド　161
スライド・チャート法　156
生活単元　81
制御機能　164
成功的用法　18
世界図絵　147
センシティブな個人情報　183
全人間的学力　86
総合的学習　15
総合的な学習　65
　　――の時間　15, 65, 96
相互関連図　126
創造のパラダイム　14
双方向コミュニケーションモデル　54
即時強化　61
ソフトウェア　165
　　アプリケーション――　166
　　学習計画用――　165
　　学習指導用――　165
　　学校運営用――　165
　　基本――　165
　　基本的応用――　165, 169
　　図形作成――　165
　　統合――　166
　　表計算――　165

た

大教授学　23, 147
「体験知」重視の方略　96
第15期中央教育審議会　12, 89
第四の領域　89
タスク・アナリシス　69
達成動機　40
達成としての学力　80

達成目標　122
脱線する授業　188
「脱線」論議　191
探究学習　66, 95, 131
「探究型」方式　66
探究としての学習　66
単元　119
単元計画　106
単元設定の理由　107
単元展開の順序　113
単元の教材構造　111
単元の指導目標　109
知識主義的学力観　84
知能検査　28
中央教育審議会の『第一次答申』（1996年7月19日）　13
チュートリアル様式　178
調節（accommodation）　32
著作権　177
直観教授法　147
直観遂行型　72
ティーチングマシン　153
TP　154
DVD　162
「できる」の意味　36
デジタルカメラ　161
デジタル方式　162
テストし、採点し教えもする学習装置　153
テープレコーダ　162
デューイ　17, 97
デール　147
テレビ会議　165
テレビチューター論　149
テレビ放送　162
電子図書館　185
同意法　59
動因（drive）　42
同化（assimilation）　32
討議法　138
到達目標　121
導入段階　133-134

ドリル・演習様式　178

な

内発的動機づけ　44
「内容知」重視の方略　93
日本教育方法学会　11
日本語ワードプロセッサ　165
入力機能　164
人間主義的学力論　87
認知心理学　32
認知スタイル　72
認知的領域　35, 79, 120
認知論　19
ネットワーク社会　13
能力主義→メリトクラシー

は

発見学習　95, 131
発問の種類　55
話し合い法　138
バーライン　57, 138
板書代替法　155
反省的思考　51, 67
反省的実践　25, 51
反省的授業　51
「反応」情報　58
反応メディア　151
ピアジェ　45
ビデオ　162
評価　27
評価規準　38, 123
評価情報　30
評定　27
非類型的個人差　73
フィードバック情報　28, 61
物質系メディア　146
部分透視法　158
プライバシー保護　177
振り付け表　137
ブルーナー　33, 66
ブルーム　35, 69

プレゼンテーション　154
プレッシー　153
プログラム学習　37, 69
　　──の原理　69, 75
ペスタロッチ　147
偏光シート　160
変容的様式（transformative mode）　95
崩壊のパラダイム　14
方向づけられた探究　63
放送学習　163
放送利用学習　163
「方法知」重視の方略　94
ホームページ　176
ホメオスタシスの原理　41

ま

学びやすさの個人差　114
学ぶ　19
マルチメディア　169, 176
メディア　146
メディアスペシャリスト　184
メディアセンター　184
メリトクラシー　13
目標行動　37, 121
　　──の認定条件　38
　　──の設定方法　122
　　──の分析法　125
目標の妥当性　119
目標分類学　35
模型作動法　159
「ものづくり」の授業　87
模倣的様式（mimetic mode）　94
問題解決学習　67, 81, 94
問題解決式様式　178
問答法　138

や

「やる気」　40
有意味言語学習　69
誘因（incentive）　43
ゆとりある充実した教育　86

要求(need)　41

ら

LAN　164
理解度表示法　59
理性的認識　148
略案　106
流動表示法　160
量的個人差　71
臨時教育審議会　87

類型的個人差　73
累積的学習理論　69
レイプ　44,52
廊下カリキュラム　9
労働手段体系説　24
論理分析　125

わ

「わかる」の意味　31
ワトソン　37

[執筆協力者]

柴田　恒郎（星槎大学講師）　第4章
仲　　久徳（都留文科大学講師）第5章の一部

[授業研究及び研究資料等でご協力いただいた学校，先生，研究機関一覧]

（順不同，肩書は当時）

青森県八戸市立小中野小学校（佐藤勝雄校長），岩手大学附属小学校（星野勝利校長），千葉県市原市立里見小学校（加藤澄敏校長），埼玉県大宮市立指扇小学校（野本敏也校長），埼玉県新座市立第五中学校（高橋英樹校長），新座市立第三中学校（川島勝治校長），東京都豊島区立目白小学校（谷口孝司校長），東京都武蔵村山市立第九小学校（三国裕校長），武蔵村山市立第十小学校（福谷隆子校長），神奈川県相模原市立淵野辺小学校（木下國博校長），神奈川県海老名市立有馬小学校（菅沼稔校長），神奈川県立衛生短期大学附属二俣川高等学校（新倉豊校長）

江原武司（埼玉県行田市立南小学校教諭），関根達郎（埼玉県熊谷市立籠原小学校教諭），高橋稠（東京都葛飾区立小谷野小学校教頭），渡部強（神奈川県相模原市立淵野辺小学校教諭），伊東弘志（東京都豊島区立目白小学校教諭），扇沢是章（富山県氷見市立八代中学校教諭），木本弘（広島県大竹市立栗谷中学校教諭），加藤澄敏（千葉県市原市立明神小学校校長），福田優（和歌山県立田辺高等学校教諭）

福島県教育センター，茨城県教育研修センター，東京都立多摩教育研究所，群馬県高崎市立教育研究所，埼玉県立教育研究センター，神奈川県海老名市教育センター，神奈川県厚木教育研究所，東京都武蔵村山市教育委員会，熊本県八代市教育委員会
東京教育工学研究会，日本教材学会，（社）日本教育工学振興会，全国教育研究所連盟，日本教育ソフト協議会，国立教育会館学校教育研修所，（財）松下視聴覚教育研究財団，（財）才能開発教育研究財団，ベネッセ教育研究所

[編著者紹介]

古藤　泰弘（ことう　やすひろ）

川村学園女子大学教育学部教授，同大学大学院人文科学研究科教授，東京学芸大学講師，早稲田大学大学院教育学研究科講師などを経て，
現在，星槎大学副学長。
日本教材学会常任理事，日本教育工学協会常任理事，東京教育工学研究会会長ほか。

〈主な著書〉

『授業設計の基礎』学習研究社，1977。『授業評価の基本と実際』学習研究社，1982。『教育の方法と技術』（共著）玉川大学出版部，1986。『CAI学習ソフトウェア作成の理論と実際』(財)才能開発教育研究財団，1988。『教育の情報化と情報教育の展開』（共編著）(財)才能開発教育研究財団，1991。『新社会科授業論』（共著）教育出版，1992。『情報化と学校教育』（新学校教育全集7巻）（共著）ぎょうせい，1994。『パソコン活用大百科』（共著）実教出版，1994。『だれもが身につけたいコンピュータの授業活用』（共編著）ぎょうせい，1995。『実践・総合的な学習の時間』（共著）図書文化，1998。『インターネットで総合的な学習を立ち上げる』（共著）明治図書，1999。『[教育の情報化]用語辞典』（共編著）学文社，2002。『情報社会を読み解く』学文社，2004，ほか。

授業の方法と心理　　　　　　　　　　　　◎検印省略

2000年5月10日　第一版第一刷発行
2009年5月1日　第一版第五刷発行

　　　　　　　　　　　　　　　編著者　古　藤　泰　弘

発行者　田　中　千津子　　〒153-0064　東京都目黒区下目黒3-6-1
　　　　　　　　　　　　　　電話　03 (3715) 1501 代
発行所　株式会社　学文社　　FAX　03 (3715) 2012
　　　　　　　　　　　　　　http://www.gakubunsha.com

© Yasuhiro Kotou 2000　　　　組版　サンライズ
乱丁・落丁の場合は本社でお取替します。　　印刷　メディカ・ピーシー
定価は売上カード，カバーに表示。

ISBN 978-4-7620-0963-1

教育演習双書

○明日をひらく教育学の好評シリーズ
○大学・短大の教職課程の教科書に最適

沼野一男・田中克佳・米山光儀著
松本　憲・白石克己

教育の原理 〔新版〕

A5判 216頁　本体 2100円
0703-X C3337

教育とはなにか／学びつづける人間／文化と教育のかかわり／学校式教育と人間教育／なにを教えるか／いかに教えるか／職業としての教師／パラドックスとしての教育

お茶の水女子大学　無藤　隆 編著
東　京　大　学　市川伸一

学校教育の心理学

A5判 247頁　本体 2200円
0778-1 C3337

現場の学校や授業の在り方に触れつつ、心理学的な研究を紹介、基礎的理論や研究成果の展開とともに、教科学習や学校運営、生徒指導や教育相談にも言及。気鋭の研究者12名による教育心理学の基本書。

聖徳大学　佐藤順一 編著
(文教大学)　太田忠男

教育制度

A5判 208頁　本体 2000円
0185-6 C3337

明治以来のわが国の教育制度の史的変革を概観し、未来の教育制度の改革や動向、問題点のみならず、諸外国の教育制度にもわかりやすく言及した好著。

(東京大学)　碓井正久 編著
(東洋大学)　倉内史郎

新社会教育 〔改訂〕

A5判 204頁　本体 2000円
0643-2 C3337

「社会教育とは何か」を新視点で追求。現代世界と社会教育／多様な学習機会／学習者の理解／社会教育の内容と方法／社会教育の法と行財政／社会教育施設／新しい世紀に向けて

(立教女学院短期大学) 村上泰治編著

幼児教育学

A5判 168頁　本体 1900円
0317-4 C3337

幼児教育のもっとも重要な課題として「遊び」「自発性」「創造性」をとりあげ、その科学的解明を試みるとともに、教育者として、幼児、幼児期に惚れこむことの重要性についての理解をはかる。

創価大学　熊谷一乗編著

教育法規と学校

A5判 205頁　本体 2200円
0863-X C3337

教職を志望する人、現に教職にある人を対象に、教育法規の基本の理解を狙いとした。学校の教育活動と管理運営における基本事項を関係審議会答申をふくめて新しい動向をとりいれて体系的に扱う。

明治大学　岩内亮一 編著
東京学芸大学　陣内靖彦

新・教育と社会

A5判 222頁　本体 2200円
0700-5 C3337

いま日本の教育はどうなっているのか、どこへ行こうとしているのか。教育社会学の視点から今日の教育の姿をとらえる。教育の動態から外部社会と教育との関連まで多岐にわたるテーマをとりあげる。

神田外語大学　沼野一男 編著
文教大学　平沢　茂

教育の方法・技術

A5判 240頁　本体 2200円
0325-5 C3337

授業設計の理論とは何かを明らかにし、その具体的手順を解説、実際の授業をどのように行うかを概説。また、授業とメディアとの関わり、授業の条件づくり、さらに評価の理論と実践的技法を解明する。

江藤恭二・木下法也・渡部 晶編著	〔執筆者〕池田 稔・石井正司・市村尚久・尾形利雄・小野次男・鹿毛基生・神山栄治・河原美耶子・粂幸男・斎藤正二・佐藤伸一・鈴木正幸・竹市良成・林 正登・前之園幸一郎・松島 鈞・森重義彰
西洋近代教育史	
A5判 287頁 本体2300円	0043-4 C3337

土屋忠雄・吉田 昇・斎藤正二編著	〔執筆者〕土屋忠雄・斎藤正二・中井良宏・竹内 明・鹿毛基生・中内敏夫・寺崎昌男・影山 昇・吉田 昇
日 本 教 育 史	
品切中	0438-3 C3337

(日本女子大学)村山貞雄 編著 (明 星 大 学)岡田正章	〔執筆者〕雨森探丹生・金子真知子・金崎芙美子・河原美耶子・高坂詢・武井幸子・佃 範夫・萩原元昭・藤田政雄・古川伸子・松山侊子・山下俊郎・吉田久子
保 育 原 理〔四訂版〕	
A5判 274頁 本体2300円	0393-X C3337

(法政大学)白井 愼編著	大学の講義用として，歴史，理論，内容と方法を体系的に解説することはもちろん，現代子ども論，青年論をふまえて，教育のなかで生活指導に求められる課題，その実践的意義を具体的に示す。
生 活 指 導	
A5判 192頁 本体2000円	0263-1 C3337

白井愼・西村誠・川口幸宏編著	真に，子どもたち自身の生活の要求に根ざし，子どもたち自身によって創出される自主的な文化活動としての教科外活動とはなにか。豊富な資料を織りまぜながら，その理論と実践を具体的に考察する。
特 別 活 動	
A5判 190頁 本体2039円	0374-3 C3337

中野良顯・古屋健治・岸本 弘編著	「荒れる学校」に象徴される現代の教育問題に対し，カウンセリングはどう貢献できるか。学校・家庭・地域の連携に基づく「総合的人間形成支援システム」に裏打ちされた人間発達援助学の構築をめざす。
学校カウンセリングと人間形成	
A5判 204頁 本体2200円	0780-3 C3337

(東洋大学)倉内史郎編著	社会教育の計画立案にかかわる人たちが，その計画を学習諸機会の全体構造のなかで，多角的な目くばりをもって作成するための視点を提示しようとする。社会教育主事コースの基本テキストとして好適の書。
社 会 教 育 計 画	
A5判 236頁 本体2330円	0410-3 C3337

吉田 昇・土屋忠雄編著	教育実習期間にどうしても知っておかねばならぬ事柄やエチケットを有意義に活用できるよう編集した本書は，小社のベストセラー。巻末に国語及びその他指導案等を付記。
教育実習ノート〔全訂版〕	
A5判 105頁 本体1000円	0087-6 C3037

麻生　誠・松本良夫・秦　政春編著
教科外指導の課題
――子どもの豊かな自己実現をめざして――
A 5判 228頁　本体 2500円

プロとしての教科外指導専門教員が必要とされる時代になった。本書は，教科外指導の目標を子どもの生活を踏まえての個性的な自己実現の達成に求め，各領域を総合的なシステムとして確立しようとした。
0590-8　C3037

江戸川大学　萩原元昭編著
個 性 の 社 会 学
A 5判 194頁　本体 2000円

現代の教育システムにおける個性の問題への斬新な分析と方法を呈示し，家庭・学校・地域における教育実践のハード・ソフト両面にわたる変革への示唆と問題提起を行う。新視点に立つ教育社会学論集。
0734-X　C3037

椙山喜代子・渡辺千歳著
生 徒 を 理 解 す る
――生徒指導・教育相談――
A 5判 234頁　本体 2300円

生徒指導について教職を志す学生のために解説。生徒指導とは何かを知るための基礎や背景と，生徒各人の個性を理解するため，パーソナリティ理論，知能と学習，教育相談・カウンセリング等から説く。
0913-X　C3037

（明治大学）岸本　弘編著
（東京大学）柴田義松
発 達 と 学 習
A 5判 200頁　本体 2000円

旧版『教育心理学』を新カリキュラムに準じ改訂した最新版。従来の教科書では心理学の理論からの応用としての解説が多いが，本書では，教育現場における実際的問題との関連を重視する。
0352-2　C3037

（明治大学）岸本　弘著
心 の 発 達 と 心 の 病
A 5判 326頁　本体 4000円

心の病や障害の持つ意味を心理学的に解釈し，理解することは，現代の人間生活を考えるうえで，一層大切になっている。心の病にまつわる種々の迷信や旧来ある誤った考え方を問い直す時が来ている。
0626-2　C3037

早稲田大学　藁谷友紀編
コ ン ピ ュ ー タ と 教 育
――学校における情報機器活用術――
四六判 154頁　本体 1500円

〔早稲田教育叢書〕教科教育の情報化を念頭に，その土台作りとして現場の先生のためのコンピュータ活用術を取り上げた。教材作成，成績管理，インターネットによる資料収集他，現場の教員を交えて解説。
0894-X　C3337

岩内亮一・萩原元昭編著
深谷昌志・本吉修二
教育学用語辞典〔第三版〕
四六判 318頁　本体 2400円

中項目中心に基本用語を精選，事項約770項目，人名約100項目を収録，各項目とも問題発見的発展的な執筆方針をとっている。教職志望の学生はもちろん研究者から現場の教師まで役立つハンディ辞典。
0587-8　C3037

岸本　弘・柴田義松・渡部　洋編
無藤　隆・山本政人
教育心理学用語辞典
四六判 310頁　本体 2500円

教育心理学の全分野をカバーし，新しい研究分野や用語もできるかぎりもれなく収載。事項約1000，人名約50を収録し，約80名の執筆陣により，各項目について簡潔に解説。手軽に利用できるハンディ辞典。
0534-7　C3037